新規事業のビジネス・プランニング

落合稔［著］

千倉書房

装丁／本文デザイン　江口浩一

はじめに

起業すなわち新規事業の重要性と価値を再認識させてくれた2つの分析報告がある。

1つは、日本の国際競争力の総合力順位が年々落ちていることである。このことは、我々が日本で起業する場合のハンディキャップを意味するだけでなく、海外の企業が日本で事業展開をするための国の選択においても劣位を意味する。つまり、国際的にみて日本での起業や新規事業投資に対する魅力低下の懸念である。

もう1つは、日本経済を長らく支え、強みの源泉である中小企業の数が年々減少していることである。しかも、起業希望者数の減少傾向が止まず、近年は起業意欲の衰退が顕著である。

これらの報告は、日本経済の競争的インフラの整備・回復の喫緊性と、起業や新規事業の活力向上が不可欠であることを示唆している。経済のダイナミズムの回復には、新規事業やベンチャー起業へのチャレンジ精神が求められる。新規事業などの増勢・活性化は、経済・社会・雇用に活気をもたらすトリガーとなる。かつて、シュンペーターが「創造的破壊」こそが、資本主義の原動力であり、その担い手が起業家であると説いたように。

小さな新規事業の始まりは、足元の経済社会の活力の芽となるばかりか、明日の大企業をも創出する。小さな起業のサクセスストーリーは、社会に大きなインパクトを与え、人々に夢や元気や勇気を与え、活力の輪を広げる。

しかしながら、計画をもたない、事業アイデアから入る起業は避けるべきである。多くの失敗例はこの事を教えている。研究されたビジネスプランに基づく周到な準備から入ることが不可欠であると考え、本書は、新規事業を始めようとしている起業家が直面する最初の課題である「ビジネスプラン」に関して、その構造とプランニング・プロセスを述べている。

新規事業やベンチャーは失敗するのが法則といわれる。新規事業の成功に向けて、心躍るような夢を追う一方で、起業リスクは時として恐ろしく高い。周到に準備し、分析し、練り上げたビジネスプランの作成プロセスの中にこそ、失敗確率を少しでも引き下げる創意工夫を見出すことができる。

本書のテーマは、以前から私の個人的関心事でもあった。なぜなら私のゼミに在籍する社会人大学院生には、ＭＢＡの取得後ただちに新規ビジネスを起業する者が続いているし、卒業を待てずに起業する者さえ出ている。ディスカッション・パートナーを務めてきた私としては、ビジネス・プランニングの質を問いつつも、一定のガイドラインの必要性を感じてきた。

本書は、新規事業のビジネスプランの構造と一連の作成プロセスにこそ本質的重要性があると考えているため、本書のタイトルを「新規事業のビジネス・プランニング」とした。ある調査によれば、起業時の最大の課題は資金調達にある。事業失敗を決定づけるのも資金ショートであるところから、キャッシュフローで失敗しない起業を求めつつ、以下の３点を力説している。

①新規事業は、事業アイデアで始めてはならず、失敗を避けるビジネスプランをじっくり構想してから始めなければならない。

②ビジネスプランの核心はビジネスコンセプトの確立とビジネスモデルの構築であり、起業前後を通して、徹底的に研究しなければならない。

③よくある失敗で終わらせないためには、ビジネスモデルがもたらす資金ショートの罠を克服する方法と、そのための財務戦略を用意しなければならない。

本書は、これから新規事業を立ち上げようと考えている起業家や現役マネジメントの方々だけではなく経営企画室、コンサルタント、ビジネスパーソン等の方々にとっても一助となれば幸いである。

本書は、以上のような動機と目的で書き進めたものであるが、書き終わってみると、わが国では、世界有数の１５００兆円もの個人金融資産を有するにもかかわらず、起業を支援するリスクマネー市場の未発達状態、つまり起業の競争力環境の未熟さにショックを受けることになった。この経験は私にとっての次に続く成果でもあった。読者諸兄が何らかの先見性を汲み取っていただけるとすれば望外の幸せである。

最後になったが、本書は大学からサバティカル休暇を頂いたことで時間的余裕ができるという幸運に恵まれた。更に、事例紹介に当たっては、英国在住の宮脇家の皆様のご理解、インタビューを快く受け入れてくれたキャメル珈琲社の尾田社長、ガリバーインターナショナル社や交友リース社のマネジメントの方々、その他今回は取り上げなかった企業の皆様のご協力があってできたものである。この場を借りて、一人一人に厚く御礼申し上げたい。また、企画から一貫してご協力を頂いた千倉書房の川口理恵氏のご支援と激励には心から感謝を申し上げる次第である。

平成25年3月

落合稔

Chapter 1

Chapter 2

Chapter 3

Chapter 4

Chapter 5

第五章　キャッシュフロー・モデルの検証……155

Chapter 6

第一章

新規事業を立ち上げる

Chapter 1

新規事業を立ち上げる

新規事業の意義と役割

新規事業を始めるに当たって、最初にその意義と役割に関して確認しておくべきである。はじめは小さな組織だが、新規事業のスタートは、やがて中小、中堅企業へと成長する長い旅の始まりだ。新規事業が注目に値する理由は何処にあるのか。小さな企業が何を社会にもたらすのだろうか。米国の調査等によれば、5つの経済的な役割（注1）がある。

第一は、イノベーションを起こしている。米国では「第二次大戦以降の全てのイノベーションの50パーセント、画期的なイノベーションの95パーセントは新規小企業から生まれている」（注2）。

第二は、雇用に貢献している。1979年〜1993年（米国は経済不振の時代）に、大手企業が25パーセント、中堅企業が5パーセント賃金をそれぞれ減少させているが、この間、小企業は2千万人の雇用を生み出した事実がある。

第三は、不況業種の大手企業において、リストラなどで辞めることになった大半の人々の受け皿となっている。

第四は、競争状況が弱い大手企業間の間隙をぬって参入し、その業界の競争力を増大し刺激を与えている。

第五に、市場の変化に対して柔軟かつスピーディに対応する点である。ただ、企業規模の分類には困難が伴うことは日米とも同じ状況であるが、程度の差はあれ一般的な傾向としてとらえれば、日本における小企業でも同様の経済的役割が見えてくるだろう。

業績をつくる3要素

新規事業を始める以上、その成果として一定以上の期待業績を目指すことになる。ここで業績（Business Performance）とは何か、簡潔に定義すると「業績＝経営環境×創意工夫×情熱」。つまり、業績はこの3要素の乗数である。

初めの「経営環境」とは、その企業を囲む外部環境のことで、顧客（Customer）や競争企業（Competitor）の状況のことであるが、もう一つその企業自体（Company）の内部環境であり、どのような経営資源を有するか、強みは何かである。経営環境には、外部環境および内部環境の両面があると考えられる。

二番目の「創意工夫」とは、文字通り始める事業のビジネスモデルがどのような独創性や差別化を具有しているかである。いわばその商品やサービスのユニークさや他との違いがどこにあり、顧客にとって何が魅力となっているかである。創意工夫こそあらゆる仕事や事業運営上の改善・進化には欠かせず、常に求められ発揮されるべきアイデアであり、それ以上の知的側面に関わるものである。創意工夫を停止した企業に未来はない。

三番目の「情熱」は、いうに及ばず新しい事業にチャレンジする心意気、エネルギー、取り組み姿勢など情緒的側面に関わっている。新規事業はとりわけ創業者精神の発揚が求められる。それゆえ、事業の成否は、企業家精神（Entrepreneurship）の強弱に左右される事にもなる。成長意欲の大小、リスクに向き合う勇気の強弱など事業の将来に大きな影響を与える。このように業績は3要素の相乗効果から成ることが分かる。

ここで注意すべき点は、定義した業績の3要素は、重要かつ本質的要素から構成されているが、実際の業績を把握しマネジメントするには、総合的な客観的基準としての会計数値をツールとして活用することが必要である。会計的コントロールは、ビジネスの計画段階、実施、統制、成果把握に至る一連のマネジメント・サイクルに不可欠であるという事実をはじめに指摘しておきたい。

経営トップの役割

創業したばかりの小さな企業でも一定の成長を成し遂げた企業でも、企業規模の大小にかかわりなく、経営トップはその役割の重要性を肝に銘ずる必要がある。

進化論を唱えたC・ダーウィンの有名な言葉に「強いものが生き残るのではなく、変化に対応できたものだけが生き残る」とあるが、この意味をビジネス界で翻訳すれば、経営トップの役割は、環境適応業であると解釈できよう。換言すれば、企業の成長・発展段階に応じた内外環境の変化を正しく認識し、それに適切に対応をする。そのためには、必要な経営課題を設定し、実現に向けて事業を推進するマネジメントが必要だということができる。ここでマネジメントとは、簡単に言えば、「その組織に成果をあげさせる、組織の中核の機関である」(注3)。この機関が、経営環境を構成する諸要素の変化に敏感な感覚を働かせ、機関本来の機能を果たすことが重要となる。新規事業の成長にはライフサイクルがあり、成長段階ごとに環境が変化するがゆえに、マネジメントの課題もまた変化するという原則を確認しておきたい。

経営理念を深掘りする

新規事業を興す者は、まず何のために起業するのか目的を明確にする必要がある。ここで重要な事は「何のために」ということで、単に自己満足や利益のためだけではあるまい。ここで経営理念が必要となる。真の事業目的が目指す先には社会的存在価値を考えなければならない。経営理念を構想するプロセスは、自らの事業を起こす意義や真の目的を深く掘り下げ、社会的存在価値を繰り返し自問自答することである。

同時にまた、自らの使命感や責任感を高め、起業家としての内面的な思索の海を一層掘り下げてくれる。経営理念が先にあって、そうであるが故にこの事業を興すのだという気概が生まれるという順序である。名文の必要はないので、まずは文章化しておき、後日また何度か筆を入れながら完成させていくことである。経営理念は、ビジネスコンセプトの確立と深く関わりがある。

堀一重の城と呼ぶには小さな館に構える武田信玄は、人こそが国の礎であると考え、「人は城、人は石垣、人は堀、情けは味方、仇は敵なり」と重臣板垣に約束した話は有名である。

経営理念の存在が人をつくり人を動かすということである。事業をつくるのは人。事業は、理解しあえる人々に支えられて発展するということは昔も今も変わらない真実である。経営理念を同じくするＤＮＡを有した社員が協働して働く組織こそエネルギーが旺盛な強い組織の基本であるといっても過言ではないと思う。また、外部の取引先をはじめとしたステークホルダーも、その企業の経営理念から大きな影響を受けることになる。事業を立ち上げる前から十分時間をかけて考え始めることだ。いくら時間をかけてもそれだけの価値は残る。自己のキャリアや哲学の理念化でもある。勿論、事業を立ち上げ、現実の艱難辛苦を経験した後に経営理念を更に深化させるということもある。ただ、経営理念を頻繁に変えることは好ましくない。なぜなら、経営理念は思索の結果創造された深い思いが込められた価値観であり、その企業の誰にとっても普遍性の高いものだからだ。

ビジネス以前に自らの襟を正すこと

新規事業を始めると、毎日の仕事に追われる。仕事は楽しむことが一番だが、ややもすると気負いがちになり、周囲との意思疎通がうまくできず、その結果、独りよがりに陥ったり、周囲のアドバイスや注意も聞こえない状態に陥るかもしれない。これでは経営トップとしての仕事は務まらない。

起業家とは、よく知らない世界を開拓するパイオニアでもあり、目標実現に向け人々を勇気づけるリーダーでもある。ときには良き相談相手にもならなければならない。自らが、自己変革と進化のプロセスにあると考え、次のことを自覚しなければならない。

① 事業を始める前に家族の理解を得る

新規事業を始めることには多くのリスクが伴う。また始めた後の生活パターンはそれ以前とは大きく変化する。家族に迷惑や心配をかけたり、協力を仰がねばならないことも起きる。それゆえ、先ずは家族の理解を十分に得ておくことが必要である。家族の理解なくして新規ビジネスの戦場に赴くことは無謀といえよう。

② 自分の悪しき習慣を直す

酒やタバコの飲みすぎ、時間のルーズさ、人の意見を聞かないなど誰でもありがちな一種の癖の様なものであるが、この際これらを正す良い機会と考える。

③ 社会的ルールを守る

組織のトップは周囲から常に見られている状態となる。社員や取引先をはじめ周囲の人から常に監視される立場になるため、良き市民としての自覚に加え、組織のトップとしての見識、言動が求められる。

・公私混同はしない

・約束事や決定事項は守る。

・違法行為やコンプライアンスにもとる行為をしない。

これらの要件は、事業家として当然に守るべき最低限のルール（消極的能力）である。

起業家に求められる能力

では、起業家に求められる積極的能力とは何か。それは真の起業家マインドにあるといえる。ティモンズは、「アントレプレナー・マインドの六大テーマ」（注4）の中で、企業家マインドとは何かを明らかにしているのでその要点に触れておきたい。

① コミットメントと強固な決意

全身的献身と強固な決意は他のどの要件よりも重要である。全身的献身と強固な決意により起業家はあらゆる障害を克服し、自身の弱みを補うことができる。

② リーダーシップ

その業界の知識や経験が豊富で自己管理能力も高く、長期的ビジョンのもとで事業をリードしてゆく。あるときは教師、実践者、預言者ともなる。5年や10年以上は専念できる強靭な忍耐力を必要とする。

③ 起業機会への執念

ありふれたアイデア群から起業機会を選別し起業チャンスを追求する。

④ リスク、曖昧性、不確実性に対する許容度

起業家は、敢えてリスクに身を晒すことがあっても、ギャンブラーではない。可能な限りの情報を慎重かつ徹底的に検討し、計算し尽くしたリスクのみを負い、全力で成功の可能性を高める。

⑤ 創造性、自己依存、適応力

成功する起業家は、現状には満足せず常に創始者たらんとする。また、自己依存的で、何事も自分の管理と影響力の範囲内と考え結果に影響を及ぼすことができると疑わない。周囲の変化に適用力があり、失敗や挫折から学び、将来の予期せざる事態を予測しようとする習慣を有している。

⑥ 一流たらんとする欲求

自ら定めた高い基準を追求し、挑戦的な目標を達成しようとする強い欲求がある。また、きわめて高いレベルの誠実性と信頼性を自分に要求し、長期的観点から自分の主張を継続的に実行することができる。しかし、自分の強みと弱みを知り、自分の能力

の限界を冷静に把握している。

新規事業を始める

新たな事業を起こすというチャレンジ精神、起業家精神がなくては事業の成功は難しい。困難やリスクに立ち向かう仕事であるからこそ楽しくもある。きっと川の向こうには虹が見える。事業成功には、夢・希望・理念・使命感といった精神的な要素が大きい。

しかし一方では、その夢を追いかけるあまり現実を見失うことがないようビジネスプランには冷静で客観的な検証が求められる。新規事業のスタートに当たっては、次章以降で述べるが成功へのシナリオを構想し文書化しなければならない。

しかし、何をおいても起業には覚悟が必要である。競争社会に向けた処女航海を覚悟する必要がある。以下に示した十の名言は起業家に何らかの示唆を与えてくれるはずである。

①夢は必ず壁を破る（曹洞宗永平寺：香川僧正）

②幸運の女神は準備したところに訪れる（医学者：ルイ・パスツール）

③成功とは成功するまで続けることだ（経営者：松下幸之助）

④たった一人しかいない自分を、たった一度しかない一生を、本当に生きなかったら、人間生まれてきた甲斐がないじゃないか（小説家：山本有三）

⑤現場や人が分らず、頭で考えた理論は砂上の楼閣となる（実務家：若松義人）

⑥大切なのは、Make it happen。考えるよりも、まずは自ら動くこと。結果はあとからついてきます（実務家：リチャード・バイサウス）

⑦数字が強いる苦行は自由への過程である。数字自体は何をなすべきかを教えてはくれない。企業の経営において肝要なのは、そうした数字の背後で起こっていることを突き止めることだ。（経営者：ハロルド・ジェニーン）

⑧道徳を忘れた経済は罪悪であり、経済を忘れた道徳は寝言である（農政家：二宮尊徳）

⑨やってみせ言って聞かせてさせてみてほめてやらねば人は動かじ（元帥：山本五十六）

⑩努力が報われるとは限らず、能力が正当に評価されるわけでもない。世の中は、理不尽と

偶然に支配されている。（哲学者：中島義道）

新規事業の日本的特徴

日本の開業率は国際的にみて非常に低く、過去十数年をみるとほぼ3～4パーセント台だ。米国は一貫して10パーセントを超えており、英国は更に高い（注5）。その理由は、よく言われることだが、日本では起業意欲が国際的にみてきわめて低いこと、後述するが、リスクマネーを提供するエンゼルや資本市場の未成熟、制度的な条件、価値観や文化に根差したところが大きいと思われる。

２０１０年2月の経済産業省委託調査である（財）ベンチャーエンタープライズセンター（VEC）の「起業家精神に関する調査」によれば、起業活動率（各国の起業活動の活発さをあらわす独自指標）は先進国内でも継続的に最低レベルにある。起業家という職業選択に対する評価でも最低で、その水準は調査参加国54ヶ国中の54番目となっている。起業家精神が低調な理由として、「我が国は、「出る杭」を打ち成功者がマネーを得ることにも否定的な論調が目立つ。起業家のリスクテイキングに対する評価として十分な尊敬とお金が得られない社会ではチャレンジ精神は涵養されまい。優秀な人材が大企業に偏らず、起業能力のある者が失敗を恐れずに挑戦できるような社会システム、価値観の創生が必要である」（注6）と指摘している。

その一方で廃業率をみると、日米英とも開業率とほぼ同じ水準にある、すなわち日本は4パーセント程度であり、米英は10パーセント前後である。また、近年の傾向は、日本の廃業率が増加を示し、米英は下降している。米英の新陳代謝は盛んであることが分かる。続いて、起業後に事業を何年くらい続けられるか、企業の生存率をみると、5年後で82パーセント、10年後で70パーセント、20年後では52パーセントとなっている（注7）。20年後には、ほぼ半数が廃業している。このデータによれば、新規事業の生存期間は比較的長いと思われる。このことから、日本の起業は少産少死型、米英は多産多死型となっているといえよう。

また新規事業の準備期間については一定程度の時間が必要だ。起業者の過半数は通常

2、3ヶ月から半年をかけるが、1年を超える場合も十数パーセントある（注8）。

長期的な成長ビジョンを持つこと

新規事業は、長期的展望や成長イメージを持って始めることが必要だ。この場合、事業の成長は単調に毎年一定ずつ伸びることはない。商品にライフサイクルがあるのと同じように事業にもライフサイクルがあり、それに伴って成長曲線を描くことになる。

◎図表1-1　商品のライフサイクルとは何か？

商品のライフサイクルは一般に、次の４段階を経てＳ字カーブを描くとされる。

① 導入期：販売当初は新製品の認知度が低いため需要は低い。通常は高めの価格戦略をとり創業者利益をとる。

② 成長期：一度市場で認知され成長を始めると急激な需要を迎える。一方、競争相手も増加する。

③ 成熟期：伸びた需要は踊り場を迎える一方、競争相手が増えて市場は激戦となり価格は安くなる。

④ 衰退期：衰退期に入ると需要は減少し、競争相手も撤退し減少する。

ここで、商品や製品のライフサイクルを考えてみると、導入期、成長期、成熟期そして衰退期を通して、S字カーブを描くといわれる（図表1―1）。これは商品の一生にとって避け難いことである。ただ、商品のS字カーブは、業種、技術革新、顧客ニーズの動向、競合状況の変化などにより商品固有のライフサイクルも変化する。

事業のライフサイクルは、通常商品のライフサイクルより長いし、企業の寿命はもっと長い。起業は自分の将来に対する長期的かつ堅固なコミットメントを必要とするため、ライフサイクルに併せて長期的ビジョン、成長イメージを強く持つことが必要である。

成長段階に伴って出現する新たな経営環境

さて、商品にライフサイクルがあったように、事業にも同じくライフサイクルがあり、事業規模の変化を「導入期」「成長期」「成熟期」「衰退期」の4つに分ける。製品ライフサイクルを、事業レベルに拡大した考え方であり、S字カーブを描くとされる。ただし、業界特性や製品特性によって、S字カーブの波長の長さは異なる。ここで、事業のライ

◎図表1-2　成長段階をおって内外の経営環境が変化する

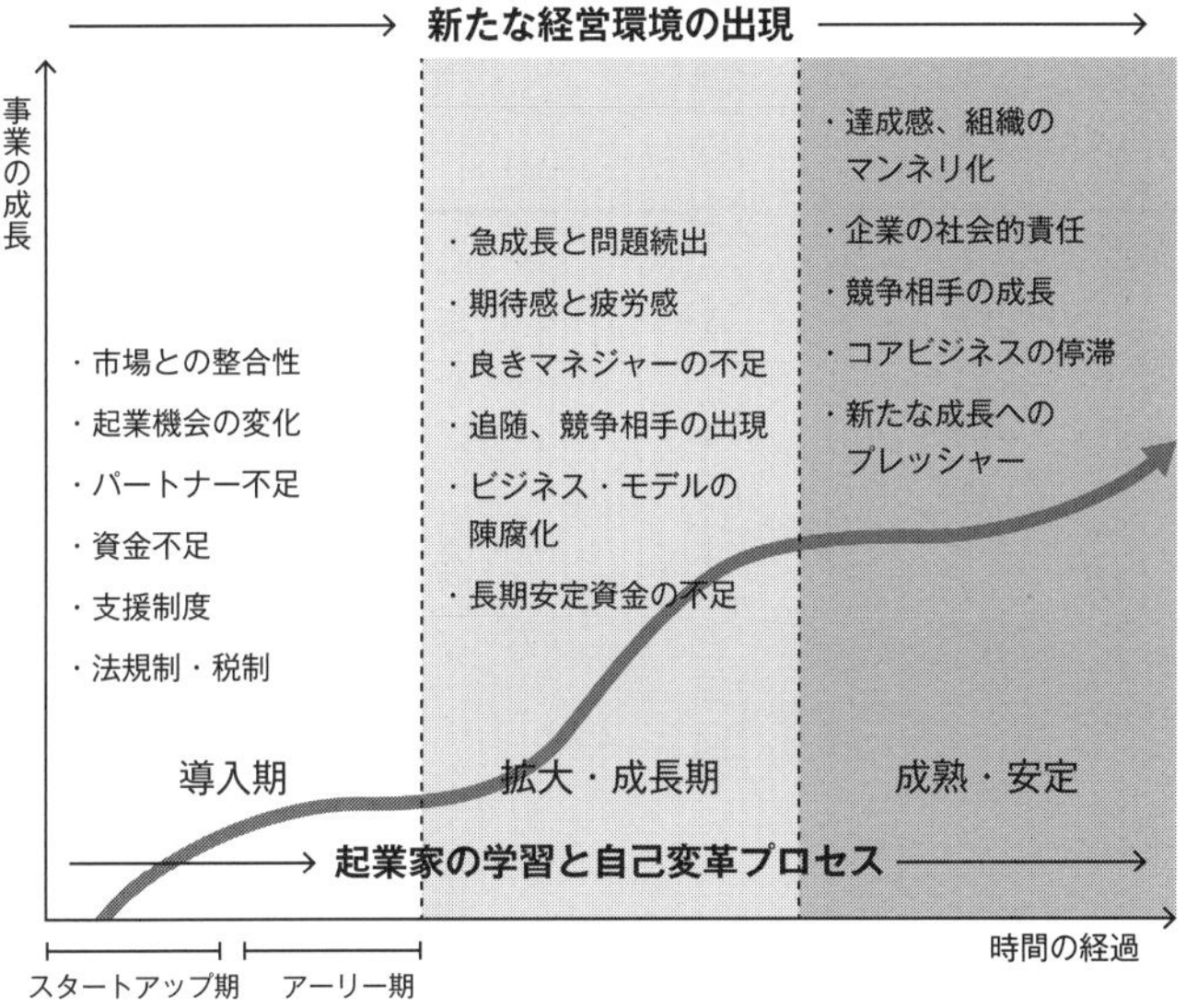

フサイクルを取り上げる理由は、第一に、事業のライフサイクルの各成長段階の違いに応じた経営環境の変化（図表1―2参照のこと）を予想し認識すべきであるからだ。

次に、成長段階ごとに現れる経営環境（外部環境と内部環境）には、それに対応する特徴的な経営課題が存在するため、予め認識しておく必要がある。予測することで、現実に直面する課題が理解でき、問題解決に必要な準備と資源投入に対し、プロアクティブな姿勢で臨むことが可能となる。

さて、以下の説明では、事業のライフサイクルの4段階のうち、最後の衰退期には全く触れていない。本書の目的は新規事業であり、そのライフサイクルの前段、すなわち導入期、成長期を中心に成熟期までの記述を主たる目的としているためである。また、本書では導入期の前半をスタートアップ期、後半をアーリー期と呼んでいる。成長期は、その前半を拡大期ということもある。成熟期は同意味で安定期とも表現していることを予め確認しておきたい。更に、ここでの新規事業の範囲は、ベンチャー企業を含むより広範な新規事業全般として一般化している。

経営環境の変化と経営課題

事業のライフサイクルに伴ってどの様な経営環境の変化が出現するか、そしてそれに対応する主たる経営課題とは何か、順を追って観察していくことにする。

(1) 新規事業の導入期

導入期は事業開始から数年程度であり、スタート前後およびその後の顧客にビジネスが認知され、うまく売上拡大が始まる頃までをいう。導入期の後半では、基礎研究・開発あるいは大型の先行設備投資を不可避とするようなビジネスではない限り、通常は赤字脱出を果たしたか、そうでなくとも期間損益のプラス転換が間近に来ているものと思われる。ただし、この時期のキャッシュフローは未だマイナスの可能性は高い。

新規事業のスタートには三大課題がある。第一に、市場との適合性、起業機会の変化を追跡し、参入機会をうかがうことから始まる。創業当初は市場の認知度がなく、市場開拓に全精力を傾けることが最重要課題であるため市場中心で考え行動する。市場中心で行動するためには、今後数年先までの期間は、資金ニーズが継続して発生することを念頭に資金計画をたてなければならない。当初のスタート資金の確保だけで一安心してしまい、1年後に資金が枯渇して慌てることがよく起こるからだ。

第二は、キャシュフロー予測と資金調達法をプランすることである。

第三は、創業チームの編成である。事業開始には、創業者、あるいは経営チームの強い目的意識、成長意欲、チームワークが必要である。小さな個人事業であれば、一人の創業者で臨むこともあろうが、仲間を募り得意分野をシェアーできる数人のマネジメント・チームを編成し、協働してスタートすることはその後の成長を決定づける。よき創業チームの人材確保は最初に出会う非常に重要かつ熟慮と慎重さが求められる経営課題である。

このように、新規事業をスタートする場合、開業前のできるだけ早い時期から、ビジネスプランの立案に入るべきである。詳細は後に譲るが、導入期の前から取り組むべき課題としては、販売商品やサービスの魅力度分析、市場調査、適切な起業機会の選択など市場に関する事項、キャッシュフロー及び人材採用に関する事項がとりわけ重要な三つの課題である。

(2)「成長期」は学習と変革のとき

次なる拡大・成長期の特徴は、売上高が拡大・成長することで、通常は業績が黒字化する。しかし、キャッシュフローは在庫や売掛債権の増加で運転資金が膨張し資金繰りに追われることになる。ただ、この場合に、キャッシュフローの回転速度がはやい小売

◎図表1-3　成長段階別にみる経営課題の出現

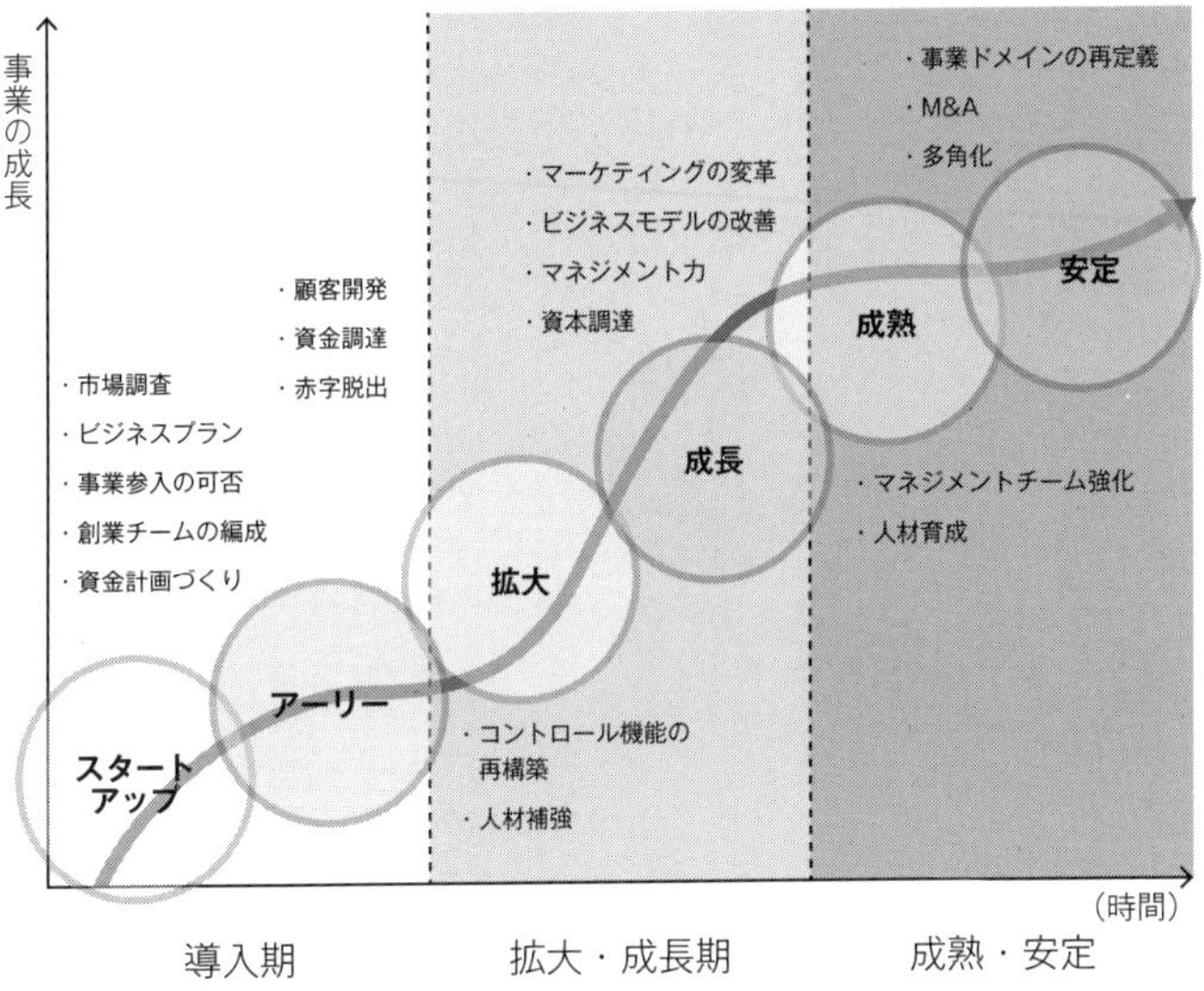

業や英会話学校などのビジネスモデルの事業の場合には、反対に資金に余裕が生まれることになる。

売上高の拡大期は現状の人的体制やシステムで対応できるが、成長期に入ると事態は大きく変わる。成長期の経営環境は、数々の問題が噴出することが特徴である。しかし、成長と矛盾は両立できる。創業チームのこれまでの期待感が感動へと変わっていき、後になって振り返れば、夢多き輝かしい時代と懐古することになる。

しかし、足下の現実は、問題続出とその解決というモグラ叩きのような日々である。問題続出、悲鳴、忙殺、そして顧客対応の日々に明け暮れる。更にこの時期には内部的問題が生じる。売上増が引き起こす外部関係性の拡大（顧客口座数、取扱商品点数、クレーム処理件数、流通手段、仕入先数など）が生み出す混乱に、タイムラグが生じつつも追い付く形で、内部のコントロール機能の再構築をしなければならない時期である。そのためには、人材補強をしなければならない。問題解決には経験を積み専門的知識を深めたマネジャーが必要なので社内抜擢をするが、不足する。そのため専門性の高い人材の中途採用を急ぐ時期である。

　売上急増は、より多くのカスタマークレームを引き起こすだろう。暫くは、ノウハウの蓄積が少ないためバラバラの対応となり、あるいは遅い事後対応の結果、それがまた二次的問題を作り出す。納期遅れなど顧客対応に目を奪われている間に、欠品や新たな品質問題を引き起こすかもしれない。反対に、売上急増は、売れ筋から外れたスロー在庫やデッド在庫が倉庫に停滞するかもしれない。折角獲得した新顧客が支払遅延を起こすかもしれない。売掛金リストの回収可能性に疑義が生じても手が回らない。常に起きうる顧客の買掛債務と当社の売掛債権との相違の解明にも時間をつくらなければならない。余裕のない状況が出現する。はたまた、戦力として中途採用した補強社員だが、教育不足で現場投入するため、労務問題を発生させても青天の霹靂である。

このように、考えられる問題をいくつか予想してみた。それもほんのいくつかだ。まだある。売上・利益は増え続け、増収増益の連続だが、資金繰りは常に切迫している。なぜなら、現金は在庫と売掛債権に食われる。銀行借入金を調達してはいるが、運転資金の不足は常態化する。また、成長持続のためにシステム投資や設備投資も要求されるだろう。ここに長期安定資金のニーズが発生する。

この成長環境は、より改善されたビジネスモデルを有する競争企業が出現する機会ともなる。逆に言えば、自社のビジネスモデルの見えない陳腐化の始まりといえる。こうした興奮状況はしばらく続くが、この打開には、マネジメントの力量が最も重要となる。経営トップは、顧客、時として競争相手の出現に対しても、マーケティングの変革やビジネスモデルの改善を首尾よくリードしなければならない。

この段階で初めての株式公開を掲げる会社も出る。企業発展の新機軸になりうるからである。一気にＩＰＯ（Initial Public Offering）を達成してしまう企業もある。創業10

年以内、早いケースでは中古車のガリバー社やマーケティングリサーチのマクロミル社の場合はどちらも創業4年だ。通常の起業では、まだアーリー期である。いずれにしても成長期は、困難を成長軌道に乗せる経営チームのチーム力、マネジメント力が最も問われる時期である。

(3)「成熟・安定期」は将来の盛衰を分ける

成長期は売上増加が先行し、市場は拡大、社内はあたかも戦場の巷と化す。市場の拡大をみて、競争相手（competitors）が参入しその数も増加し激しい競争となる。そうなれば供給が追い付き価格が下がる。魅力的商品ラインも一巡してくる。

しかし、成長の高揚感もやがて落ち着きを取り戻すころ、企業も第3期の成熟・安定期を迎えることになる。この安定期はややもすると、踊り場と呼ばれるスポットに嵌り込み、これが数年間あるいはそれ以上続く場合もある。上昇と下降を繰り返したり、再成長に向かう企業と、中には衰退期に陥る企業も発生する。

成長期あるいは成熟期にＩＰＯを果たした企業は、周囲の社会的評判が気になる。上場企業として社会的責任に一段と目覚めることになる。しかし、社会的責任の自覚は、成長を約束するものではない。企業として守るべき責任である。

成長の後には必ずといっていいほど肥大化した組織が残る。売上高の伸長・拡大は経営資源の拡大を常に求めてきた。しかし、経営資源が満たされる頃には、成長トレンドに勢いが消え、成熟・安定期を迎えるのはよく起こることだ。

組織は大型化するが、達成感に覆われマンネリ化に陥りやすい。柔軟性やエネルギーは成長時期より衰退し、コアビジネスの活気は弱まるが、実績、信頼性、ブランド、市場に対する影響力は大きくなっている。

この段階の企業は高コスト体質に陥りやすいことに注意する必要がある。各業務の問題解決に追い付きコントロールを回復させる。専門知識を有する社員も揃い、管理も充実してくる。ここで持ち上がる内部的問題は、固定費用の増加と収益性の低下に直面するということである。

この時期は、原点回帰（return to the basic）、創業精神に戻るとか、新たな新風を呼びこむ第二創業とかの掛け声の下で、何らかの再出発を準備しなければならない。安定・

成熟期とは、次なる成長か衰退かの分岐点でもある。

米国では、企業の規模に関わりなく、押しなべて踊り場（Stall Points）に落ち込む企業は87％に達するが、11パーセントの企業は完全に復調し再成長（Growth Restarts）を取り戻すという（注9）。すなわち、企業の成長が一度大きく停滞すると完全に回復する確率は一割程度である。これは恐ろしく暗い見通しである。また頭打ちになった企業の三分の二がその後、買収されたり、非上場化したり、または倒産に追い込まれたりするということだ。成長のピークを迎えた企業は、それよりもずっと以前にその土台となった競争基盤は失われている可能性がある。それゆえに既存事業が頭打ちになる前に新規事業を軌道に乗せる準備を整えておくべきである（注10）。

次なるS字曲線に乗り換え続けることで持続的な成長を図る考え方もある。この場合には事業領域を再定義することが必要だ。同業界においての次なる成長領域への多角化である。陳腐化が始まったビジネスモデルならイノベーションに取り組み惰性から脱出する機会である。別の視点は、これまで培った自律的成長能力に加えてM&Aを成長戦略に採用することである。いずれの戦略も、新たなる経営観が求められるため、経営チームの役割も変化することになる。もはや創業時代は過去のものとなった。ドラッカーの言を借りれば(注11)、創業者たる起業家自身が、自らの役割、責任、位置づけを決断することである。

第二章

ビジネスモデルの構想

Chapter 2

ビジネスモデルの構想

ビジネスプランの中核はビジネスモデル

新規事業で成否を分ける決定的要因は、ビジネスコンセプトが顧客の支持を得られるか、ビジネスモデルが事業構造として不可欠な成功条件を備えているかの２つである。そして、ビジネスモデルの最も大切な部分がビジネスコンセプトである。

この点は、事例を見ながら検討してゆくが、その前に、事業を始めるには、先ずビジネスプランを作成しなければならない。そしてこのプランには、ビジネスコンセプト及びビジネスモデルが明確に描かれていなければならないということだ。

しかし、現実をみると、ビジネスプラン（事業計画書のこと）を作成せずに事業を始める人も相当の割合で存在する。ビジネスプランを作成していないということは、その中核的存在であり、事業の成否を決定づけるビジネスモデルが明確に記述され、かつ周囲の協力者達の共感を得ているとは考えにくい。

ビジネスモデルの構想は、ビジネスプランに不可欠な要素である。ビジネスプランの作成は、「アイデア発想→ビジネスコンセプトの確立→ビジネスモデルの構想→ビジネスプランの策定」というプロセスをたどるが、より重要なことは、ビジネスプランを作成している企業ほど成功確率が高い（注1）ということである。

アイデアの価値と現実

新規事業を始める場合には、先ずはどのようなアイデア（Idea）を持っているかが問われる。新商品やサービスには優れたアイデアが求められる。事業構想の提案は、アイデアの善し悪しが将来動向を左右する。事業が動き出すと、業務改善などあらゆる局面で良いアイデアが求められる。優れたアイデアには価値がある。アイデアとは、新しい着想、名案、思いつき、願望などをいうが、それを留めておくために通常は、スケッチ、デザイン化、文章化などを行う。

では、優れたアイデアはどのようにして生まれるか。ヤング（注2）は、「アイデアとは既存の要素の新しい組み合わせ以外の何ものでもない」と言っている。また、「既存の要素を新しい組み合わせに導く才能は、物事の関連性を見つけ出す才能に依存するところが大きい」とも述べている。

例えば、「手のひらピピ」（注3）という玩具のヒット商品の例をあげてみたい。この定義に従い、この商品の特性を観察すると２つ以上の既存の成功要素の組み合わせで作られていることが分かる。すなわち、この商品の魅力は、本物そっくりに見える「ひよこ」のキャラクター性と、手のひらに乗せると自動通電し鳴き声をだす電気的構造にある。いずれも既存の要素である。作品は情緒的な容姿、鳴き声は可愛いくリアル、手のひらに載せると親近感をもたらす出来栄えである。

優れたアイデアは、時として、何者かにより、商品や新規事業として提案され大きな成功をもたらすかも知れない。それゆえ期待を込めて、より優れたアイデアを提案しようと試みることはとても楽しい作業である。アイデア出しは、現実性と創造性の間を行き来するプロセスでもある。画期的でイノベーティヴなアイデアを追い求めても、熟練者の幸運を除けば、現実に提案されるアイデアが実際の商品化に至ることはまずない。無から独創的なアイデアを考え出す作業ではなく、ヤングの指摘するように既存の要素の新しい組み合せを導き出す才能を訓練することが重要だ。

このことを示す事例として、もう一つ玩具のアイデア提案の事例がある。東京の六本木を通る若者を対象に1年間、新しいおもちゃのアイデアをスケッチ・デザインして画用紙で提案してもらうという方法で、有料公募を行ったことがある。千枚を超える数の提案が来た。しかし、最終的に商品化された提案は一つもなかった。玩具の世界では、千三つ（千の提案で三つの採択）と言われていたが、実際はさらに可能性が低いようだ。

良きアイデアだけでは、ヒット商品は出ないというビジネスの現実だ。これは食品、文具その他の業界でも類似の状況、あるいはもっと厳しい状況ではないかと思われる。驚くことに、医薬品業界ではこれよりもはるかに厳しいようだ。「製薬企業は、一万分の一ともいわれる極めて低い成功確率の下で〝当たり〟を見つけ出し、新薬（新製品）を開発すること自体が、重要な経営目標の一つとなっている」（注4）という。

このような現実の世界では、社内に良きアイデアを求め商品の研究や開発をするだけでは不足で、デザイナー、インベンター、ライセンサーなどの世界中の人々から広く提案を求められるようなネットワーク、あるいは専門性の高い相手とアライアンスを構築することが必要な時代となっている。技術やアイデアのオープン化である。優れたアイデアは依然として進歩発展に欠かせず重要であるが、単なるアイデア勝負だけでは事業の成功は難しい。

ビジネスコンセプトの確立

マイカーを買うとき何を気にするだろうか。デザイン、カラー、排気量、燃費、型、内装、安全装置、メーカーそして値段だ。その他さまざまな仕様を検討するが、その前に考えることは購入目的は何か？　利用する者は誰か？

広範囲にわたる諸要素を比較検討して購入することになる。車にはコンセプトがある。

消費者として、多くの諸要素を検討する理由は、実際利用する生活シーンを考えているからである。つまりその車のもつ独特なコンセプトを発見し納得できれば購入する。他の車は選択から漏れるが、選択されたその車には優位性、満足感があるということだ。

同様に、事業でもコンセプトが極めて重要である。事業コンセプト（Business Concept）とは、事業全体を貫く基本概念のことで、その事業の本質ともいえる。換言すれば、その事業は誰の為に何の目的で、どのような貢献をするのか。本当にやる意味は何処にあるのか。これが明確になれば、おのずと顧客は何処にいるかが分かり、その商品を買って満足する姿が目に浮かぶ。

商品でも事業でもコンセプトが曖昧だと顧客を呼び込むことは難しくなる。ビジネスコンセプトは事業の本質であり競争優位性をもたらす源泉なのだ。それは、他社と差別化されており自社の強みが発揮され客層が見えている。顧客満足はコンセプトによって決まる。

以下に、明確なビジネスコンセプトを確立している事例を３つ紹介したい。１つは、英国のコッツウォルズ地方で人気のティールームを営むファミリービジネス、２つは、レンタルビジネスで、顧客に利便性と費用対効果をもたらし、顧客の環境保全活動をサポートする事例である。３つは、地球や人にやさしい生き方を掲げる女性社員だけの会社、カルディ・コーヒー・ファームである。

英国ティールーム経営に見るビジネスコンセプト

英国はロンドン西方にあるコッツウォルズ（Cotswolds）地方には美しい自然、小川のせせらぎ、蜂蜜色の古典的な家並みがある。イギリス人が「こころの古里」と呼ぶ地方だが、その一つにウインチカム（Winchcombe）という１０００年の歴史を刻む小さな田舎町がある。この地方が大好きな宮脇さん家族３人は決意して、歴史ある建造物を購入し、２００３年、ティールームJuli'sを開店した。ファミリービジネスのスタートである。宮脇樹里さんの目指したものは、英国伝統の中に潜むイングリッシュネス（Englishness）の本質が感じられるティールームである。普通のお客様が、喜んで来てくれるティールームを創りたい。このコンセプトをひたすら求めて、お店づくりや美味しい料理とお菓子づくりを探求する日々を過ごす。２００８年には、英国一のティールーム賞（U.K’s Top Tea Place 2008）に選ばれ、顧客の足も増えたという。

　なぜこの店に人気が出たのだろうか。確かに料理、お菓子、お茶、どれをとっても文句なしの逸品だが、そこに至るプロセスは努力と研究の賜物。英国人の慣習と舌に合う料理という条件を満たすことはたやすいことではない。それだけではなくそこには、英国人の生活習慣に根差したティールームが求められる。ティールームと一口にいってもそれはイギリスの伝統文化であり、奥が深いもの。「この国の紅茶や文化に親しむためには、新鮮な気持ちで英国と向き合うことが必要で、それはイギリスらしさって何？　を問い続けることでした。」と本人は語る。

　お店は、文化遺産指定の建物、それに相応しい内外装、外はカントリーライフを楽しみたい客に、太陽の下で花々や鳥の声を聞きながらティータイムをゆっくり過ごせるイングリッシュ・ガーデンが広がる。店内はパイン材のアンティーク・テーブル、床も天井も独特の雰囲気がある。冬は暖炉の近くに集まり会話を楽しめる。英国調の調度品、伝統の茶器類、掛けものと、この店ならではの何かが感じられる。このように徹底的に拘ったお店が生み出す寛ぎの空間と、実地調査を重ね選び抜いた食材で作る料理とティーを楽しみに人々がやってくる。ここでのビジネスコンセプトはあまりにも明確である。本物のイングリッシュネスを求め続ける姿勢が、地元の人々をひきつけていることは間違いない（注5）。

広友リースのビジネスコンセプト

１９６８年、建設現場事務所に向けて、什器や備品のレンタルを始め、事業用レンタルという新規ビジネスを創出した梅木孝夫氏（代表）は、その後さまざまな市場のレンタルニーズを汲みとることで事業領域を拡大してきた。目指すは、レンタルのトータルソリューション・ビジネス。そのビジネスの中核会社が広友リース（東京都）である。

事業領域は、建設現場事務所向けのレンタル、不動産販売センター向けのレンタル、各種イベント向けのレンタル、オフィス向けのレンタル、代理店向けのレンタル、オフィス移転等に伴うファシリティマネジメントである。

レンタルビジネスで、CO_2削減や環境にやさしい社会という時代の潮流の先を走る。すなわち、モノを買う時代から機能を買う時代へ。「所有からレンタルへ」「必要なものを、必要なときに、必要な数量を、必要な期間だけ」といったキャッチフレーズが表すように、レンタルは、ユーザーには利便性とコストメリットをもたらし、使用後の備品は回収され、リユースやリサイクルされるので製造や廃棄に伴う環境負荷の低減にも貢献するというわけだ。

◎図表2-1　広友リースの製品コンセプト

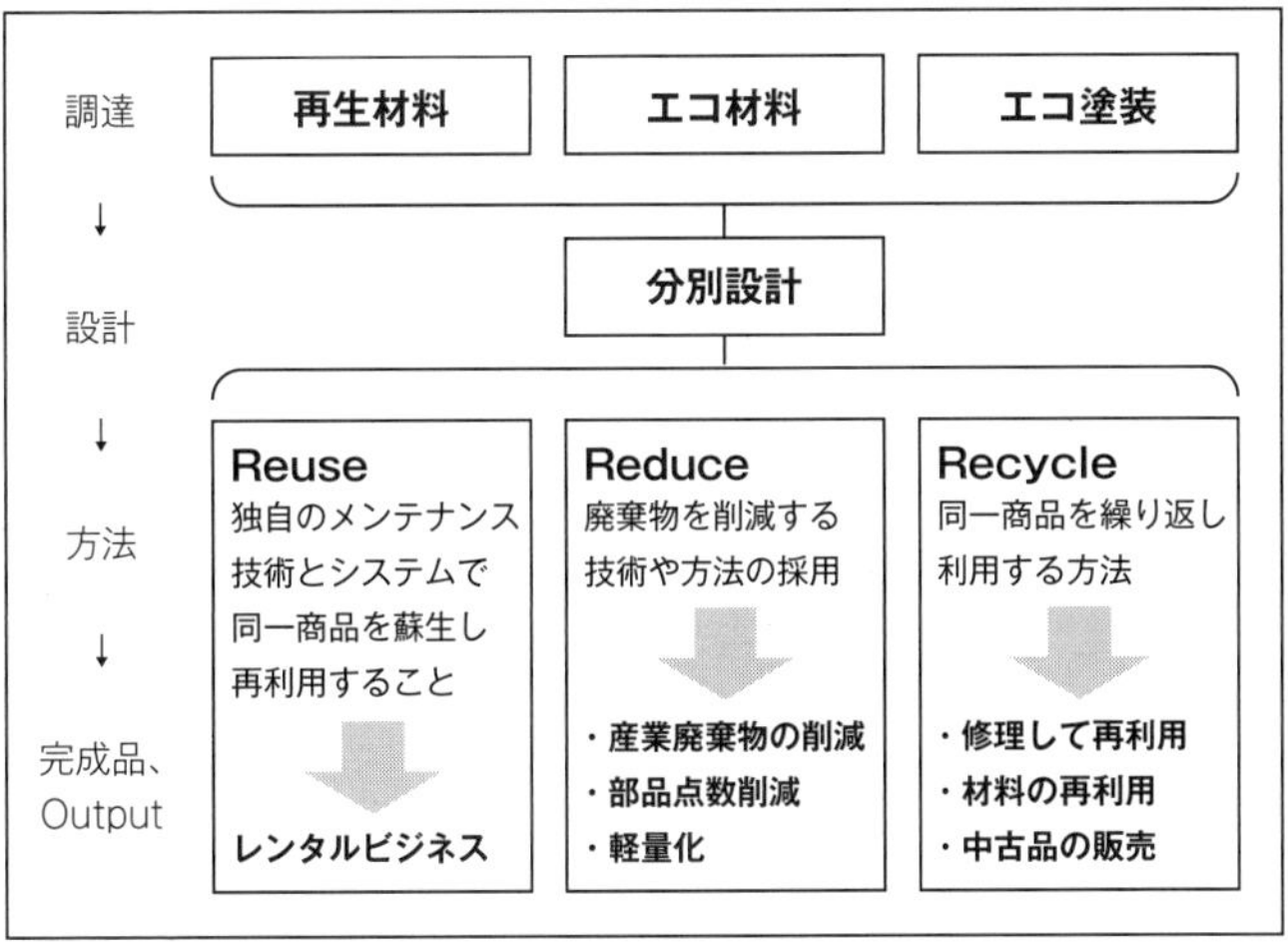

（注）2012年11月広友グループ戦略のまとめp.16を参考に一部修正、割愛

しかし、顧客の要望に対応するには、常時相当な在庫を抱えること、タイムリーに配送することが求められる。そのため会社は、１８００種80万点の商品を常時保有し、全国に９つの物流拠点、28ヶ所の営業サービス拠点を有している。

レンタルは、顧客にとっては利便性と費用対効果が大きく、仕組みそのものがリユースを繰り返す環境型のビジネスモデルだという。「売り手よし、買い手よし、世間よし」の「三方よし」の精神で循環型社会の実現を目指すとしている（注６）。

カルディコーヒーファームのビジネスコンセプト

小学４年生の頭と心で世界をみよう！　地球にやさしい生き方でやろう。約６０００人のほぼ全員が女性だけの会社、グループ売上は約１千億円にせまる、カルディコーヒーファーム（社名は株式会社キャメル珈琲）は、創業者の尾田信夫氏（代表）が１９７７年、コーヒー豆を喫茶店に卸す焙煎業として始めたもの。創業以前は、コーヒー業界で働き経験を積んでいたが、何処を見ても魅力的なコーヒー・ビジネスは見当たらなかったという。コーヒーの卸や、小さなお店でコーヒー焙煎や駄菓子類も販売した。研鑽を重ね、やがて会社を創業したわけである。９年後の１９８６年には、小売店を始めた。第一号店は、下高井戸駅前の一角に開店。「商品を眺めているだけで好奇心が湧いてくるような活気ある店」を目指したという。ここに、今日の原点を見ることができる。

一歩、店に入るとまるで宝探しのようで、ワクワク・ドキドキに出会える店内。こだわりのオリジナルコーヒー豆30種を始め、世界各国から珍しい食材やお菓子、ワイン、チーズ、スパイス、その他レシピに必要ないろいろな食材等が、所狭しと並んでいる。ここにいると、何か自分だけの物を探し出す、発見する子供の心に返ったような気分になる。良い品質の珍しい商品を世界中から探し求め、出来るだけ低価格で提供したいという。

１９９２年、夏の盛りに来てくれるお客様にアイスコーヒーのサービスを始めたのが下北沢店、これ以降、「コーヒーサービス」というカルディ独自のスタイルが加わった。お店の強みは何ですかと聞けば、すかさず、店員の対応がよいとお客様が言ってくれることだという。顧客に対する接客も、本部の教育やマニュアルの成果というより、現場で様々な工夫をする自由な雰囲気、お店の運営、勤務スタイルといい、女性の働きやすい職場環境があるゆえだ。女性の特性を信頼し、任せる経営が明るい雰囲気を生み出しているようだ。

２０００年には、仙川にて、店舗にカフェ部門を併設、カフェ店内で軽食もとれる複合店舗が始まった。それからも、次々と新しい試みの店舗が出来ている。

いまや、全国にわたり約３００店舗となり、経済不況がいわれる中、売上高の伸びは、年20数パーセントの快進撃である。また、取り扱い中の商品点数は約

◎図表2-2

１杯のコーヒーに込めた地球への思い

かつて麻薬の一大産地だったタイ北部の山岳地帯、そこで暮らす少数民族の貧困問題の解決と麻薬撲滅のために代替作物として栽培されたコーヒー。

今では良質の豆が育てられ、人々の支援につながっている。

……これは、タイ王室が進めるドイトンプロジェクトに対するカルディコーヒーファームのグループ支援事業で、ここからの輸入販売商品がドイトンコーヒーである。

一万点におよぶが、店舗の特性や状況に合わせて、選択小分け陳列される。膨大な商品点数の多さにもかかわらず、商品回転は平均3週間という高いスピードを維持している。顧客は、オールエイジだが、80パーセントは女性客。

世界中から良品質の珍しい商品やワインを探し直輸入、日本産の商品を取り扱う「もへじ社」の設立、オリジナル商品のラインナップも充実している。海外では、タイやネパールにも展開している。しかし、尾田氏は、近い将来、アメリカやアジア圏などに向けて、日本の優れた食の逸品を輸出したいという夢を語る。社会性の高いテーマ（図表2—2はその一例）に次々チャレンジし、それを本業として取り込む戦略が、そのまま成長を支える事業基盤となってきたことは同社の強みでもある（注7）。

ここに取り上げた3企業のビジネスコンセプトは、いずれも一貫して強烈な理念に貫かれていることが分かった。理念を深く信じ、会社のこれまでの行動はその実践であり、揺るがぬ信念となっている。これが、顧客満足を生み出しているようだ。いずれの会社も利益を目標とは感じさせず、理念に基づくそれぞれの価値観を利益以上にも大切にし、その実現に熱心であることが理解できた。

以上3社の例は、ビジネスコンセプトとは何かを考え、それを明らかにすることが目的なので、その他の事業構造には敢えて触れていない。

ビジネスモデルの構想

ビジネスコンセプトが固まったら、次はビジネスモデルの構想へと進む。これを進めるには初めにマーケティング・リサーチを行うべきである。アイデアを練り上げて構想した事業コンセプトが実際に事業として成立するか確かめるプロセスだ。事業コンセプトの実現性を客観的なデータによって裏付ける作業である。

ありがちなことであるが、深い思い入れ、時間をかけて練り上げた事業コンセプトに信念を持って新規ビジネスを始めるが、始めた後に顧客を呼び込めず、苦労の末に失敗するという例は枚挙にいとまがない。マーケティング・リサーチはビジネスコンセプトの市場における実現性を確認する作業の一つである。
マーケティング・リサーチにより、市場規模、商品・サービスに対するニーズの強弱、差別化程度、競合程度、規制、価格の妥当性、リスクの大小などを調査し、その結果、商品・サービスの魅力度、市場性、実現性など一歩確かな手ごたえを得る。新規ビジネスは、初めに市場から入ること、要は、顧客を知り、顧客のニーズに適した商品・サービスであるかどうかを検証する活動を行うのである。

次は、検証されたビジネスコンセプトを事業として実現する仕組みを構築する。これがビジネスモデルであり、事業の仕組み、事業構造といってもよい。ビジネスコンセプトは、いわばビジネスの核心部分、存在そのものを定義するいわば絶対的必要条件である。ビジネスモデルは、必要条件を包摂した上で、ビジネスを成功させる十分条件とも言うべきものである。数学のように厳密な意味での十分条件とは言えないが、この条件はビジネスを成功させるために選択されたプロセス、方法、手段、システムなどの諸条件の完備を求める。それは、十分条件が不備であれば、求める収益、キャッシュフローの獲得は困難となるようなものである。

Ｐ・Ｆ・ドラッカーによれば、ビジネスモデルとは、「顧客はだれか」「顧客にとっての価値は何か」「どのようにして適切な価格で価値を提供するのか」であると言っている。

また、Ｃ・クリステンセンは、ビジネスモデルには４つの要素があると指摘する。「顧客価値の提供」「カギとなる経営資源」「カギとなるプロセス」「利益方程式」である。良いビジネスモデルとはこれらに答えるものでなければならない。優れたビジネスモデルほどビジネスに好循環をもたらし発展するといえよう。

後で詳述するが、私はもう一つ「キャッシュフローモデル」をこのビジネスモデル構築に組み込む必要があると考えている。必ず検証しておくべき重要な

◎図表2-3　ビジネスモデルの構想

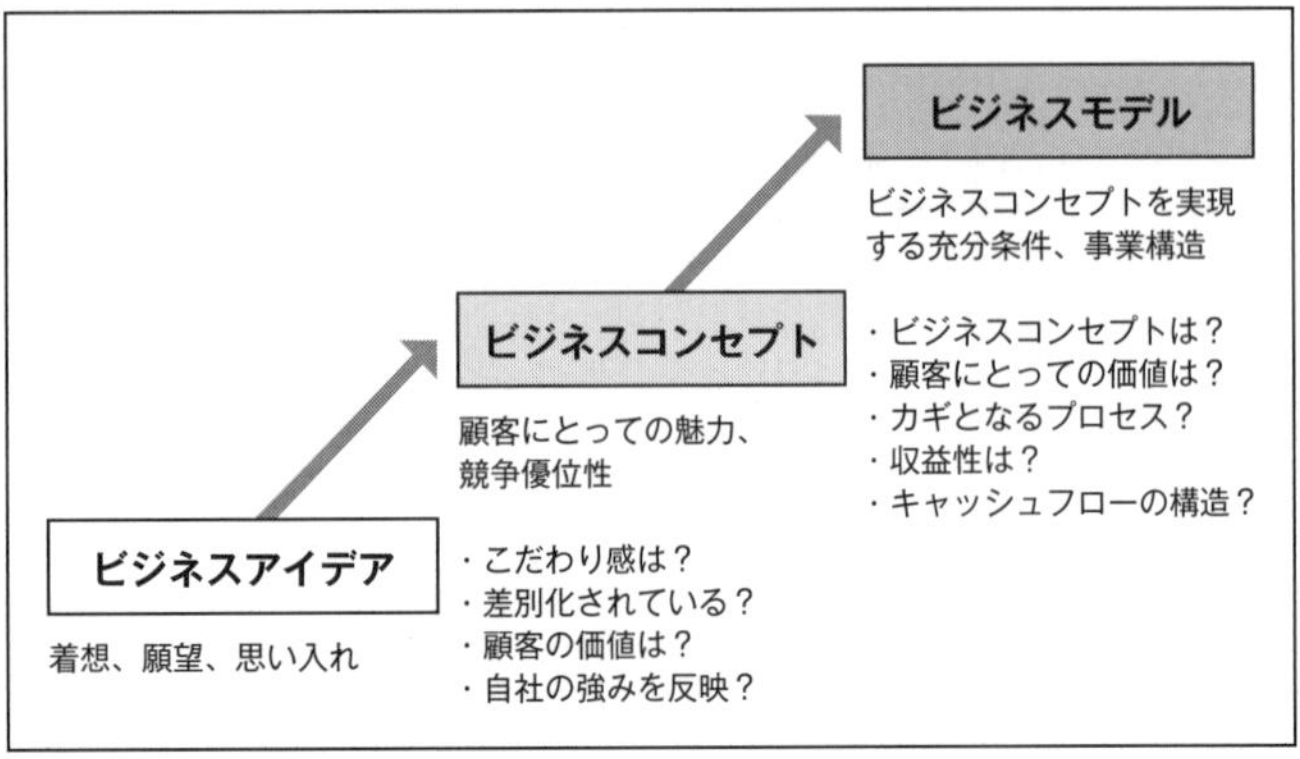

要素である。この視点を欠くビジネスモデルは、十分条件を満たさない。次に2社の事例を見ながらこのことの重要性を確認したい。

ガリバー社のビジネスモデル(注8)

株式会社ガリバーインターナショナル(以下ガリバー)は、中古車販売業で20年の経験を有し、限界を感じてきた創業者の羽鳥兼市氏(代表)が「自動車業界の流通革新」を目指して1994年に創業した会社である。

それまでの中古車業界は、新車販売とは違い、うさん臭いイメージが付きまとっていた。万一にでも事故車を掴んでしまう心配。品質だけではなく価格決定についてもやや不安が漂う。なぜなら、いくつかの展示小売店では、高価格買取、激安販売を謳っていたからだ。展示品に関する情報不足や不透明感がそのような暗いイメージを顧客(ユーザー)に与えてきたようである。そこで、羽鳥氏は、取引の合理化、透明化を図ると共に、顧客には品質・価格に安心感をもたらす新たな事業構造を提案することに至った。

ガリバーは、中古車の買取専門店という新たなビジネスモデルを構築し実践、全国展開し、僅か創業4年でIPO(Initial Public Offering)を果たした。また、創業10年で1000億円の売上高を達成、ベンチャー型の急成長会社として短期間に業界一の業況を実現した。

日本の車市場は、新車と中古車の販売台数の比率は3対2であるが、欧米の平均は1対2という具合に、日本での中古車市場は新車市場に比し相対的に低い。日本の顧客は新車選好である。中古車市場では、参入障壁がとても低いが、成熟市場となっている今日、競争は激しい。

では、このような中古車業界における、小売業のビジネスモデルとはどの様なものか。小売店は、顧客から買取った中古車を展示場に陳列し、ユーザーが多くの展示車の中から選択・購入するという形態をとっている。下取価格は、その車の現況から判断した上での個別交渉によって決まる。多くの在庫点数を抱え陳列することはユーザーにとっての魅力であるため、オークション市場からも積極的に買うため、そうなればそれに見合った広い敷地も必要となる。

販売面では、在庫の半数はほぼ小売販売可能と仮定しても、残り半数は売れ残るためオークション市場で販売することになる。このことは収益の圧迫要因となる。ただし、小売販売の粗利率を高めて収益確保をすることができる小売店は成算がある。

このビジネスモデルでは、小売店は下取価格をオープンにしない方が仕入れ政策上合理的だ。また、販売までの展示在庫の維持管理の期間が長期化しやすいことは、オークション市場での薄利多売の傾向を生む。多店舗展開するに当たっても、敷地の確保や社員の採用と教育には時間がかかるなどの特徴があった。

このような業界に、羽鳥氏は新たなビジネスモデルを提案した。その構造は従来型の中古車販売モデルと比較するとかなりシンプルである。

図表2－4は、この業界における平均的な小売業モデルで、買入れはオークション市場（B to B）と個人顧客（C to B）である。これを、小売（B to C）および卸のオークション市場（B to B）で販売することになる。

一方で、ガリバーでは、買取は顧客（C to B）から、そして販売は展示場で小売りせず、オークション市場（B to B）のみと、入口出口とも1本のルートである。至って単純明

◎図表2-4　一般的な展示型小売業モデル

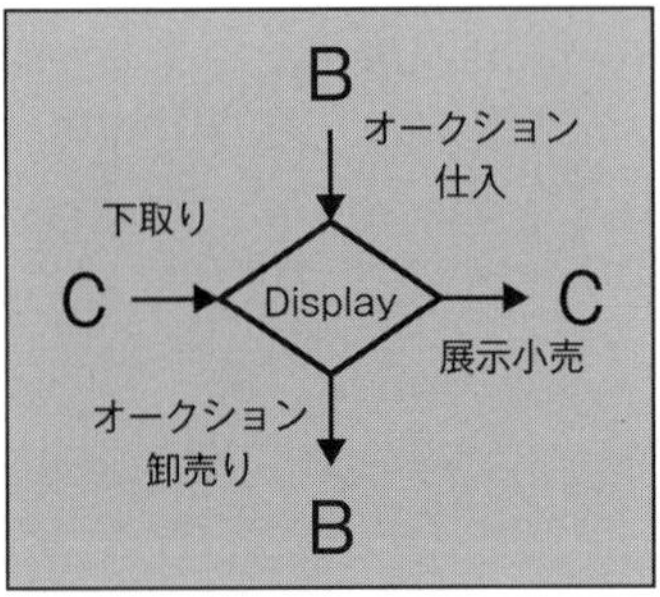

（平均的な１店舗当たり）

・投資金額　1,000〜8,000万円
・在庫期間　２ヶ月程度
・展示台数　30〜70台
・営業マン　3〜10名
・敷地面積　1,000〜3,000m^2

◎図表2-5　ガリバーの当初の卸売モデル

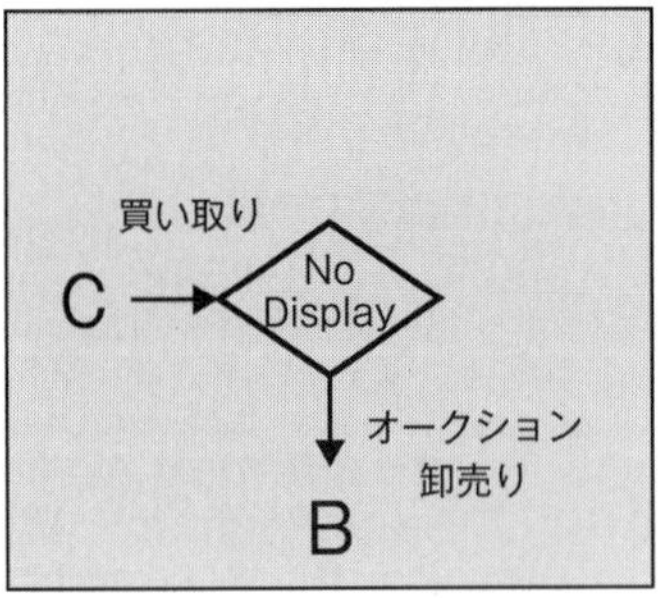

（平均的な１店舗当たり）

・投資金額　平均4,000万円
・在庫期間　約２週間
・展示台数　無し
・営業マン　4〜5名
・敷地面積　平均1,000m^2

快な流れである（図表2―5）。

ガリバーの店舗は「買取専門」である。買い取ったら、そのまま全てキャリアカーに載せてオークション会場に運び販売に供する。買取り方法は、個々の顧客（サプライヤーのこと）から声が掛ると、出向いて現物を確認し確立されたマニュアルに従い査定する。買取価格を決める営業担当の現車の査定時間は30分程度、その後ＩＴ端末を使い、その場から本部へ情報を流し、本部一括査定方式で査定価格が即座に決定され現場にフィードバックされる。従って、顧客が査定価格を入手するまでの時間は、1時間程度である。査定プロセスの標準化とスピード化は、顧客負担の軽減、待ち時間の短縮、査定の信頼感へとつながる。

販売面では、一度に大量の在庫を販売できるのも、卸売事業であるオークション市場の活用のためだ。全国約120会場でのオークションに出品する。

その結果、在庫の回転速度が速くなり、在庫期間はほぼ2週間という低水準の在庫レベルを達成している。このことはキャッシュフローに好循環をもたらす。下取代金は、数日後に支払い、販売債権はほぼ同日数で回収する。従って、在庫期間の短縮化はそのままキャッシュフローに反映するため、資金負担は在庫回転期間を反映しほぼ2週間程度になるという。

1998年には、販売に関して、「ドルフィネット」という画像販売システムを開始し、B to Cビジネスにも新参入している。現車を見せずとも詳細で正確な車情報を画像で開示する方法で小売販売するビジネスモデルである。この業界の常識では考えられない販売方法、いわば個人向けの画像オークション販売である。

この画像販売システムでの販売は、最長10年間の製品保証付き、在庫期間

◎図表2-6　市場参入時のビジネスモデルの特徴

ビジネスモデルの構成要素	特徴
1. 顧客ターゲット	中古車の購買層
2. 顧客価値の創造と顧客満足	現物査定の標準化、透明化、迅速化、安心感
3. 鍵となる業務プロセス	買取りはC to B、販売はB to B、展示車なし、買取りプロセスの透明化
4. 必要な経営資源の準備	業界に詳しい創業者、人材、新システム
5. 利益方程式	オークション市場での迅速販売とIT活用で低固定費を実現し、ROEをアップ
6. キャッシュフローモデル	店頭在庫なし、早い回収速度

をオークション販売と同じく、ほぼ２週間を実現、年間数万台の販売を行うまでに成長している。このモデルでは、一般的な小売店とは違い、デジタル展示のため在庫も展示場も不要で、維持管理の為の経費や人件費などのコストも削減可能となる。

これは当初のビジネスモデルに修正を加えるイノベーションであり、これを基盤に２０１２年２月期では、売上高１３２９億円、経常利益63億円を計上している。同期には、直営店２８８店舗、フランチャイズ加盟店１２７店舗を有し、年間約20万台を買取った。これをオークション市場で卸売り、およびドルフィネットで消費者に小売販売したことになる。

グリーティングカード・ビジネスの事例

Y社は、新規事業としてグリーティングカード（Greeting Cards）の制作・販売会社を立ち上げた。日本では、今後生活スタイルも徐々に欧米化し、若い世代を中心にカードを送ることが増加すると考えたからである。

ちなみに米国では、100年の歴史があるホールマーク（Hall Mark Cards）やアメリカングリーティング（American Greetings）の2大メーカーからハンドメイドの小規模メーカーまで実に多くさまざまである。年間70億枚が約10万の店頭で売られている。1人平均20枚を受け取る勘定だ。顧客の80パーセントが女性であり、カードを送ることは習慣となり、成熟市場となっている。グリーティングカードを分類すると、季節の行事に関連したシーズナルカードと誕生日やアニバーサリーに送るエブリディカードがある（注9）。

日本の現状は、こうした習慣ではなく、代わりに年賀状や暑中見舞いにハガキで挨拶をする慣習が深く根付いている。ただ、近年若者の中には、クリスマスや誕生日にカードを送ることが増え市場は少し拡大してきた。

さて、後にグリーティングカードの新規事業を立ち上げることになった、リーダーY氏の提案では、日本でもグリーティングカード事業を立上げる好機到来で、事業機会を見逃してはならない。一流デザイナーとのコラボレーションで他社との差別化を図りたい。ついては、商品企画、制作、販売、物流に至るビジネスモデルを提案したいというものだった。中期計画には、多くはないが一定の収益計画も見込んである。商品企画はデザイナー、生産はアウトソーシング、販売は少人数で鋭意進めるというものである。

初めは上手くいっていた。首都圏の狙った販売店にカードを置くこともできた。このビジネスモデルで上手くゆく筈だったが、1年後には問題が顕在化した。販売するためには、数多くの小さな店頭に多様な種類のカードを制作し、並べなければならない。人気の出るカードと不人気で在庫となるカードが店頭で2分化された。判明するまでさして時間は要しない。不人気のカードが増えるにつれてリピートオーダーが入らなくなった。これを店頭から取り除かないと次なる新企画商品が入らない。この結果は倉庫をみれば一目瞭然である。出て行かない商品群、それにもかかわらず入荷が止まらない。なぜなら、カードの制作には発注のリードタイムを考慮し、事前に見込み発注をかけなければならないからだ。顧客対応第一で品揃えを行った結果、店頭在庫が増え、その影響で手元在庫も山積みとなった。この影響は、即座にキャシュフローの悪化となり、その後、徐々に、在庫の陳腐化をとおして確実に中期計画を台無しにした。後で振り返れば、ビジネスプランの欠陥は誰にでも分かる。

この事例では、グリーティングカード・ビジネスや業界を熟知した人材、顧客ターゲット、商品差別化、カギとなるプロセス、キャッシュフロー計画などビジネスモデルの構成要素に事前の十分な調査、検討、準備が欠落していた。新規事業に対するビジネス・プランニングのプロセスを踏襲し、検討されたプランが作成されていれば、結果は違っていたかもしれない。

第三章

ビジネスプランの検証

Chapter 3

ビジネスプランの検証

ビジネスプランとは何か

ビジネスコンセプトは新規事業に競争優位性をもたらす本質的な概念であった。このビジネスコンセプトを実現する具体的な事業構造づくりがビジネスモデルとなる。そして、このビジネスモデルがビジネスプランに含まれる中心的テーマである。ビジネスモデルを完成させた次の課題は、いよいよビジネスプランの策定となる。

ティモンズによれば、ビジネスプラン（Business Plan）とは、不確実性の極小化とリスクや変化の管理を通じて、企業の進むべき方向、成長の速度、到達の方法などベンチャーの将来について考える方策の一つである。有効なプランニングは目標を設定し、その到達方法を決定するプロセス（注1）であるという。簡潔に言いかえれば、事業を成功させるためのシナリオであり、目的を達成するための仕組みやプロセスを体系的にまとめた計画書ということだ。

ただ、ビジネスプランが事業の計画書という点では、実務上は様々な作成目的や様式が存在し、かつ呼び方にも統一性はない。一例をあげれば、ある投資の意思決定の為の計画書、商品・マーケティング戦略の計画書、社内用の中期経営計画、年次予算書、外部資金調達に用いる事業計画書などがみなビジネスプランの範疇に入る。本書は、新規事業に向けた事業プランを対象としている。しかし、それでもビジネスプランの様式は多様であり、一概にこれが良いとはいえない。ビジネスの種類や好みにより違いも生じるが、要は、ビジネスモデルの骨組みをしっかりと書きこみ、焦点が分かり、ストーリーが語れるように体系化されているかが重要である。

ビジネスプランの作成目的

新規事業において、ビジネスプランは誰の為に作成するかと問われれば、基本的には他でもない創業者自身や創業チームのためである。また、ビジネスプランの作成目的は、内部使用目的と外部使用目的とに分けることができる。

まず、内部使用目的であるが、第1に、新規事業を進める創業者自らの進路を体系的に整理・確立し、事業成功のプロセスを文章として明示することである。すなわち、自己の信念や経験に基づく、真の起業動機は何か、なぜチャンスと考えたか、実現する仕組みは何か。計画には合理性、収益性、実現性に確信を持てるように、明日に向かって成長への道筋を順序立てて明示することができるかである。しかもその合理的根拠として、机上プランで終わることなく、潜在顧客や潜在取引先に関する情報あるいは、業界人、会計士、コンサルタントなどが有する社外情報、見解など一定の裏付けを得る必要がある。こうした上で整合的な全体プランが作成される。

第2に、ビジネスプランは、事業計画全体に関する社員との共通理解の手段となる。新規事業をスタートする際、創業チーム、マネジャー、一般社員と必要に応じて徐々に採用していくが、ビジネスプランはこうした仲間とディスカッションし相互に納得のいくまで議論を深める手段として非常に有効である。企業理念、事業目的、取るべき戦略、各自の役割などが誤解なく理解されれば、組織の一体性が自然と高まり業務上の協力関係が強化されるようになる。

第3に、実際に事業の進捗状況をチェックする場合、このビジネスプランと比較検証できる。初めて外洋航海に出るには羅針盤がなくてはならないのと同じ理由だ。事業の前途には常に紆余曲折が予想され、計画と乖離するが、その差異を認識し、フォローアップし、遅れを取り戻し、再び目的達成に向かう。またときとしてビジネスプランを見直す必要さえ起きる。

次は、外部使用目的である。これは、第三者に対して事業の将来性や魅力を訴えかけ、その事業に対する必要資源獲得のための説得材料として活用するためのものである。とりわけ投資家や金融機関からの資金調達には欠かせず、説明資料として必須書類となる。

◎図表3-1　ビジネス・プランの構成要素

（表紙、目次）

1. ミッション
2. 商品やサービスの内容
3. 市場、競合状況
4. ビジネスコンセプト
5. セールス・マーケティング戦略
6. 業務の進め方（運営法、調達法、システム等々）
7. 経営チーム、組織
8. 投資計画
9. 中期の売上/経費/損益予想
10. キャッシュフロー予想と資金調達計画

（添付資料）

従って、ビジネスプランは相手の立場に立って理解しやすくする工夫やアピールポイントなどを抑えておくとよい。

しかし、提出先によって重点の置き方など多少の違いはあってもよいが、実際以上にバラ色の未来を描いて資金調達を目論むことなど、作為的な変更を加えるようでは本末転倒と言わざるをえない。また、ベンチャーキャピタル等に説明する場合、相手の多忙さなどを考慮すれば、ビジネスプランのエッセンスをまとめたエグゼクティブサマリーを冒頭に挿入すべきである。

このエグゼクティブサマリーではビジネスプランの構成要素に関して簡潔にポイントを述べるが、特に事業のコンセプトや特徴の説明に重点を置く。投資家サイドに立てば、投資対象として適正か、興味ある事業プランかなどに関心がある。従って、分かりにくく、的外れの提案をしても、「とても参考になるよい提案ですね」と言われるだけで、この段階で不合格の烙印を押される。これを避けるためには、内部的なビジネスプランが完成してから、十分検討し、目的適合性の観点から慎重に作成すべきである。

図表3－1は、外部の資金調達用に用いる一般的なビジネスプランの構成要素を示したものである。

資金調達のためのビジネスプラン

経営資源の確保、中でも外部からの資金調達は重要で、それにはビジネスプランの出来栄えが成功の鍵となる。ベンチャーキャピタルや銀行等に提出・説明するビジネスプ

◎図表3-2　ビジネス・プラン策定の留意事項

実行すべきこと

・ビジネスプランの策定には経営チーム全員を参加させる。
・計画書は論理的かつ詳細だが、読みやすく、できるだけ短いものにする。
・多大な時間と費用をかけてビジネスプランを策定することにより、ベンチャーに対するコミットメントの強さを読み手に伝える。
・重要なリスクと前提条件を明示し、いかに対処するかを明確に説明する。
・現存するか潜在的な問題点を説明する。
・複数の代替的資金調達手段を特定する。
・ビジネスプランで提案する資金調達に関わる条件（持分比率など）を詳細に説明する。
・潜在的な投資家の注目と関心を集めるため、創造性を発揮すること。
・ビジネスプランは事業自体ではないこと、そして、その実行には策定の数倍の価値があることを忘れない。
・ビジネスプランの作成が遅れる結果になっても、キャッシュフローの増加をもたらす注文や顧客には応じる。
・ベンチャー･キャピタル、エンジェルなどの投資家グループ、リース会社など、資金供給者の目的を検討し、それに沿ってビジネスプランを修正する。
・現実的な需要や売上予測に基づいて前提条件を設定し、この逆にしないこと。

実行してはいけないこと

・氏名不詳の人物（たとえば、現在は他社の経理担当副社長で、後日参加する予定の者）をビジネスプランの経営チームに含めない。
・希望的な売上予測など、曖昧で根拠のない資料は作成しない。
・特殊な製品や製造方法を専門用語や専門家のみが理解する方法で説明しない。これはビジネスプランの有効性を制限することになる。ベンチャー・キャピタルは自分が理解できないか、経営チームが理解していないと感じた案件には投資しない。逆に説得力を失ってしまう結果となるからである。
・派手なパンフレットやスライドによるプレゼンテーションなどに費用をかけることなく、内容で勝負する。
・ビジネスプランの策定のために、売上げや回収を犠牲にしない。
・握手や口約束で資金調達の取引が完了したと勝手に思い込まない。実際に現金が振り込まれたときに安心すること。

ランは、次に掲げた「ビジネスプラン策定の留意事項」が参考となる（図表3―2）。これは、米国でのベンチャー・キャピタルが、新規事業の提案を大量に審査した結果から得た実務経験や文献等から得た知見をティモンズがまとめたものである（注2）。

ビジネスプラン策定のプロセス

ビジネスプランの作成には、外部目的と内部目的がある。外部目的用では、目的適合性を考えた内容構成が決め手になる。なぜなら、その企業や社内事情に関しての情報格差が大きいからである。簡単に言えば、ビジネスコンセプトやビジネスモデルの明確性、首尾一貫性、実現可能性、収益性、キャッシュフローなど矛盾なく明快に作成する必要がある。加えて、プレゼンテーションする場合には、創業者自身が評価の対象となることを十分意識することである。

また、内部目的用では、全社員による戦略目標の理解や実行・実現のプロセスが分かりやすく記述され、各社員の目的意識や参加性との関連性を理解できるようなものが望ましい。これは、トップの戦略や意図を理解し全社員で共有化できるよう、首尾一貫した実務的なプランである。優れたビジネスモデルでも、適切な経営戦略の裏付けがなければ成果を生み出すことができない。企業の施策と実行に道筋をつけるためには、プランは長期又は中期経営計画として体系化されており、経営戦略を更に詳細に展開するステップが明確になっており、それが最終的に社員一人一人の実行計画にブレイクダウンされなければならない。中期プラン（中期経営計画のこと）が、単年度プラン（年次予算のこと）に落とし込まれ、社員自らが自己の行動計画（アクションプラン）に展開出来るように、経営トップの意図や作成プロセスを十分に説明、そのための教育を実施していくべきである。

敢えて言えば、先に掲げた「ビジネスプランの構成要素」は外部利用には良いが、内部利用にはプランの策定プロセスがよく見えず、物足りないだろう。人に見せ説得する目的ではなく、自分達が戦略目的を実践するという視点で、作成プロセス（図表3―3参照）を重視した実戦的なスタイルの中期経営計画が望ましい。以下では、この点を含め、ビジネスプランの作成手続きを具体的に示しながら検討していく。

ビジネスプランは経営理念の確認から始まる

中期経営計画としてのビジネスプラン（以下、中期プランと呼ぶ）の策定の進め方である。（図表3―3）

はじめに経営理念を確立させる。何ゆえにこの事業を始めることになったのか、本心からの問題意識があるはずである。すなわちこの事業で何を得たいのか。どの様な使命をまっとうしたいのか。心から発する深い思いを、経営理念にまとめることが創業者の最初にして最大の仕事である。そうすれば、「経営理念の確立→基本方針・ミッションの定義→戦略目標の設定→経営戦略の立案→（組織＋人事体制）→アクションプラン＋予算編成」という自然な流れが生まれ、中期プラン策定作業が進むことになる。

中期プラン策定プロセスの流れからは、経営理念の確立から経

◎図表3-3　中期ビジネスプランの作成プロセス

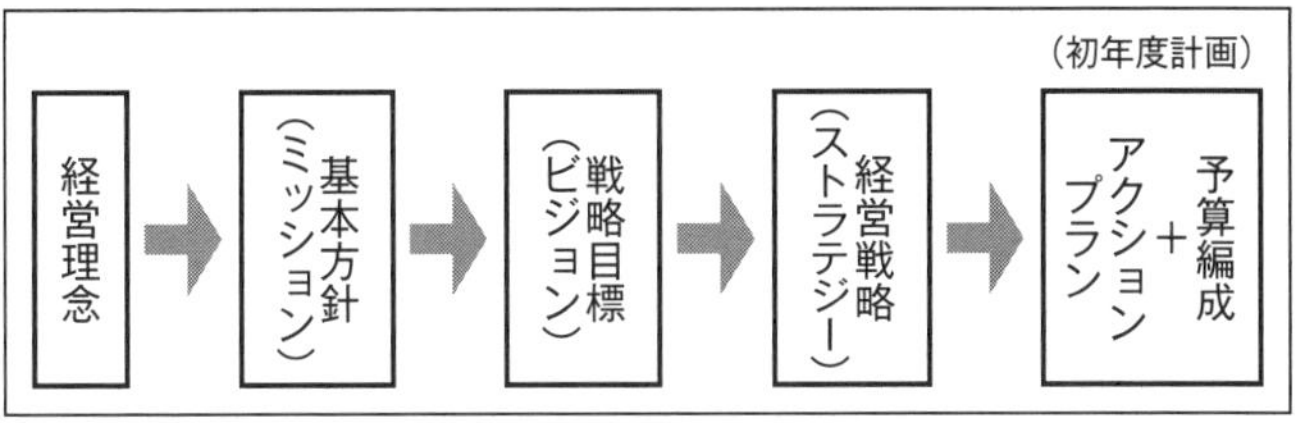

営戦略の立案までの前部分がプランの上部構造を形成し、事業全体の方向、枠組みを決定する（図表3－4）。ここで、戦略目標（Vision）とは、経営理念（Mission）という哲学・使命を源泉として流れ出るものでなければならない。経営戦略（Strategy）ではその戦略目標を達成できる道筋やシナリオが記述されなければならない。従って、経営戦略は経営理念を実現する手段と考えることができる。ここでは首尾一貫した思考プロセスが展開されることになる。

（図表3-4）　ビジネスプランには一貫性を持たせる

経営理念 （ミッション）	**経営理念とは？** ・我が心情、深い思い ・会社の存在意義 ・社会的正当性 ・経営理念を基に使命（ミッション）や基本方針を掲げる ・経営者の最大の仕事
戦略目標 （ビジョン）	**戦略目標とは？** ・3～5年で達成すべき具体的目標（定性的又は定量的目標） ・売上高や営業利益率 ・業界でのシェア、加入者数 ・顧客満足度や従業員満足度
経営戦略 （ストラテジー）	**経営戦略とは？** ・ビジョンを実現する方法論 ・強みを生かした差別化などのストーリー

経営理念は企業文化の礎

経営理念は、社是、社訓、経営姿勢、信念、使命などとも表現されるが、ニュアンスの相違はあるにせよ、企業にとっての最高理念と位置付けられるものである。経営理念は、その企業が存在する意義、目的、哲学に関わることで、社会的正当性の基盤となるものである。従って、企業や社員のあるべき基本精神や行動規範としての意味をもつ。これが存在しない、あるいは脆弱な企業は現代社会において理解され、尊敬を得ることは難しい。

最近は比較的長文なものや、内容的にも単なる経営理念から戦略的指針の説明などへと具体化、広がりを見せており、ＩＲ活動の一環と思えるような掲げ方もみかける。し

株式会社オリエンタルランド

企業使命

自由でみずみずしい発想を原動力に
すばらしい夢と感動
ひととしての喜び
そして安らぎを提供します。
(ディズニーリゾート)

かし、形式よりも、企業の信念あるいは信条となり、経営トップが日常的に語りかけ、社員全員に浸透し、社員一人一人の行動や意思決定にさえ影響するような、実質的に価値観や行動規範となっているかどうかが重要である。この点からいえば、経営理念は短期間で変更するようなものではないし、すべきでもない。何十年も引き継がれることも珍しくない。

ただし、時として事業目的の大前提が変化し改訂されることもある。例えば合併・買収、大震災、倒産などが起きた場合である。また、創業初期には、企業理念を書いた正式な文章はないが、何年かのち、事業が成功した暁につくられることもある。起業に時間を奪われ、成文化が上手くできないとか、そこまで手が回らないとかで作成してはいないが、実際上、創業者によって理念が常に語られ、社員の共通の価値観として定着している優良な中堅企業があることも知っている。要は、その企業の理念・価値観が全ての社員に共有化（Shared Value）されているという実態がより重要である。

京セラ株式会社

社是

“敬天愛人”

常に公明正大謙虚な心で仕事にあたり天を敬い人を愛し仕事を愛し会社を愛し国を愛する心

経営理念

全従業員の物心両面の幸福を追求すると同時に、人類、社会の進歩発展に貢献すること。

心をベースに経営する

京セラは、資金も信用も実績もない小さな町工場から出発しました。頼れるものはなけなしの技術と、信じあえる仲間だけでした。会社の発展のために一人ひとりが精一杯努力する、経営者も命をかけてみんなの信頼にこたえる、働く仲間のそのような心を信じ、私利私欲のためではない、社員のみんなが本当にこの会社で働いてよかったと思う、すばらしい会社でありたいと考えてやってきたのが京セラの経営です。

人の心はうつろいやすく変わりやすいものといわれますが、また同時にこれほど強固なものもないのです。その強い心のつながりをベースにしてきた経営、ここに京セラの原点があります。

マブチモーター株式会社

経営理念

国際社会への貢献とその継続的拡大

経営ビジョン体系

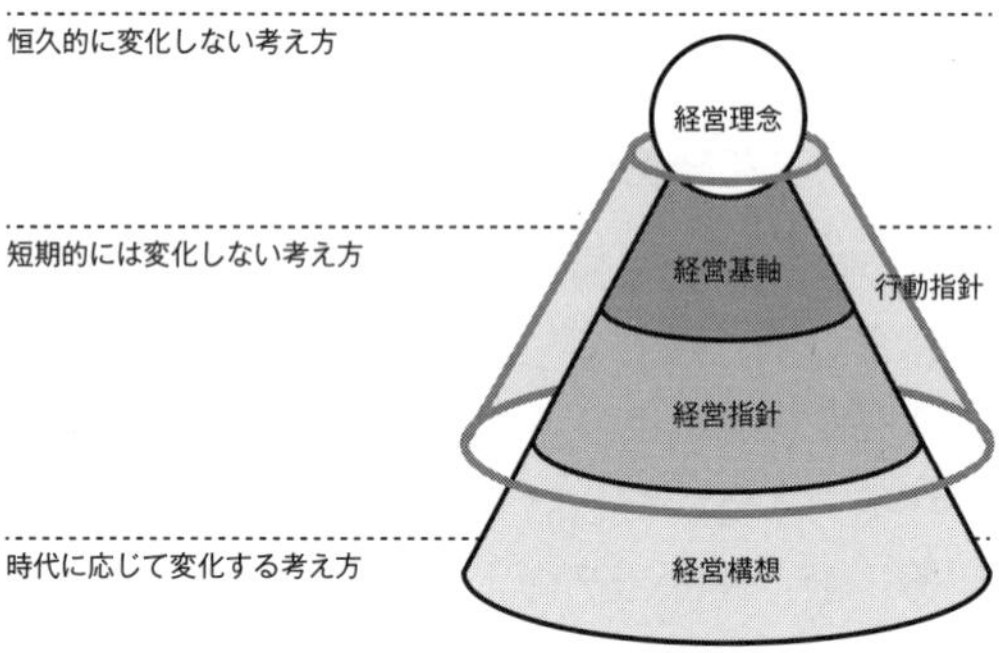

マブチの経営ビジョン体系

（注）ここに掲げた株式会社オリエンタルランド、京セラ株式会社、マブチモーター株式会社の経営理念等の出所は、2012年12月末日の各社のホームページに記載された一部をそのまま抜粋掲載したものである。

企業のミッション

最近は企業ミッションという用語がよく使われるようになった。経営理念と重なる部分もあるが、企業のミッションは、ミッション・ステートメント（Mission statement）として文章にまとめられることもある。バーニーによれば（注3）、企業ミッションとは、その企業の根本的な目的と長期的目標のことであるとし、その構成要素として①目標（そのミッションがカバーする事業エリアのそれぞれに関して企業が抱いている、測定可能な業績ターゲット）、②戦略（企業がそのミッションや目標を達成するための手段）、③戦術および施策（企業がその戦略を実行するためにとる行動）の3つをあげている。ここではかなり広い意味で用いられていることが分かる。競争優位を確立するための財務的目標から行動までの一連の諸要素の関係が示される。

また、バーニーは、ミッションを企業の取る全ての行動において中心的な役割を果たしている場合、そのミッションをビジョンと呼ぶとも言っている。バーニーによるミッションの定義は非常に明快である。ただ、この概念に該当する用語として、本書では①戦略目標、②経営戦略、③アクションプランが相当する。

新規事業を始める場合、経営理念を簡潔に掲げればよいと思うが、拘りたければ、詳細に記述し展開してもよい。欧米企業などには、ミッション、ビジョン、バリューという表現で経営理念の展開や体系化がみられる。こうした理念の確立・共有化は、競争優位を生み出す源泉となるものであるから、企業は、積極的に活用し、組織強化、リーダーシップの発揮を図る。日本企業も、近年は表現が多様化・具体化し独自性を主張する企業も多くなっている。シェアードバリューが培われた企業には、その理念・価値観が、やがて企業文化として醸成され、健全で強い組織をもたらすことが期待できる。

経営ビジョンとは

経営理念を企業の哲学とすれば、経営ビジョンとは、より具体的・中長期的な戦略目標のことであり、その会社の目指すべきゴール（到達点）である。数年先を目指したゴー

◎図表3-5　経営理念の共有化が独自の企業文化を生む

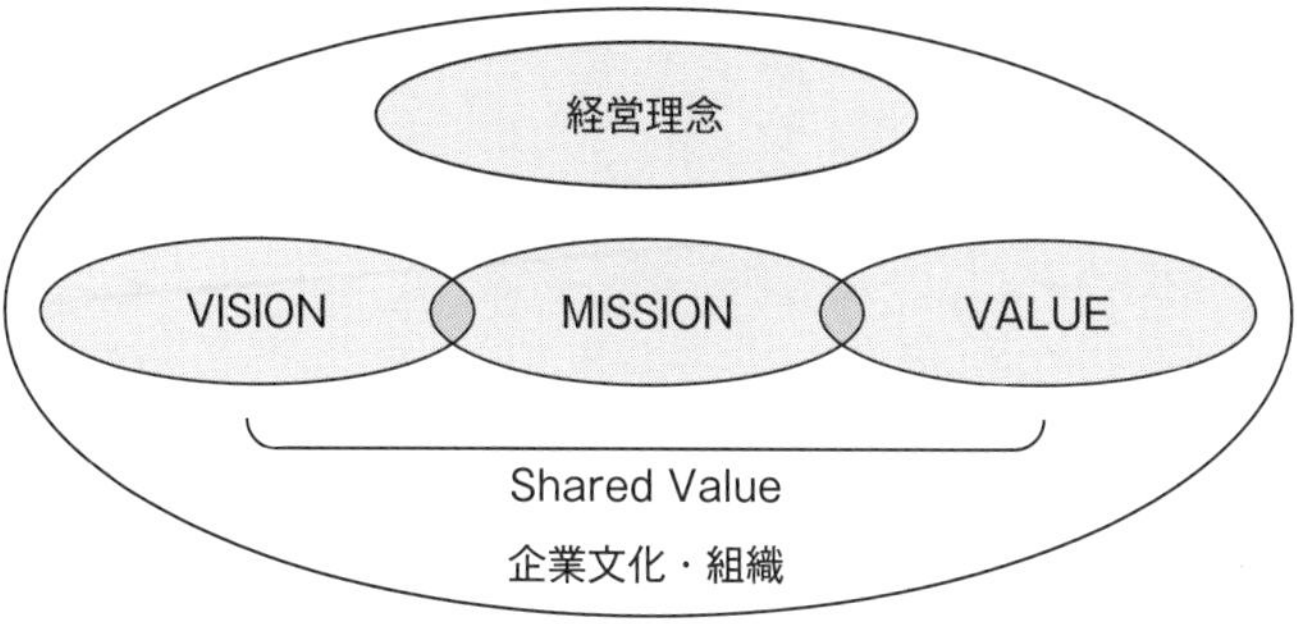

◎図表3-6　企業の姿勢、価値観、文化の重要性

●デル社のウイニング・カルチャー

高い業績は優れた人材と企業文化が支えている。優れた企業文化がありながら、業績が振るわない企業などない。しかし、業績と企業文化の両方に秀でた企業でも、一度低迷し始めると、その企業文化も急速に失われてゆく。両方の発展に尽力しなければならない。

〈マイケル・デル、『ダイヤモンド・ハーバード・ビジネス・レビュー』2005年11月号〉

●トヨタの強みは価値観の共有にある

〈張社長、『週刊東洋経済』2003年2月22日号〉

●トヨタは創立以来、高品質の製品やサービスを提供することで社会に貢献しています。トヨタの事業のやり方とか活動のベースはこの原理に基づいた価値、心情、手法であり、これは長年の間に当社の競争力の源泉になりました。これらの経営上の価値基準や手法が総体としてトヨタウェイと呼ばれています。

〈張社長、「ザ・トヨタウェイ2001」から〉

●経営はいかなる方向を目指すべきか「ネクストソサエティにおける企業の最大の課題は、社会的な正当性の確立である。価値、使命、ビジョンの確立である。……トップマネジメントが組織そのものであり、他のものは全てアウトソーシングの対象となりうる」

〈P・F・ドラッカー『ネクスト・ソサエティ』〉

ルとして通常は測定可能な財務数字などを掲げることが多い。単なる現状ベースの推移や改善ではなく、経営トップの意思を反映した戦略的な決定である。例えば、３年後に売上高１０００億円達成、営業利益率10パーセント、ＲＯＥ20パーセントを目指すなどである。

新規事業がスタートしてから翌年以降は徐々に実績が積み上がり事業の実態も明らかになってくる。戦略目標としてのビジョンは、より確実性の高い目標となる。つまり、過去実績が積み上がり成長スピードが分かると、来期は昨年度対比何パーセント・アップ、３年後の売上高はいくらを目指そうなどと実績を反映した積み上げ方式の戦略目標（帰納法的アプローチ）となる。

◎図表3-7　戦略目標の設定

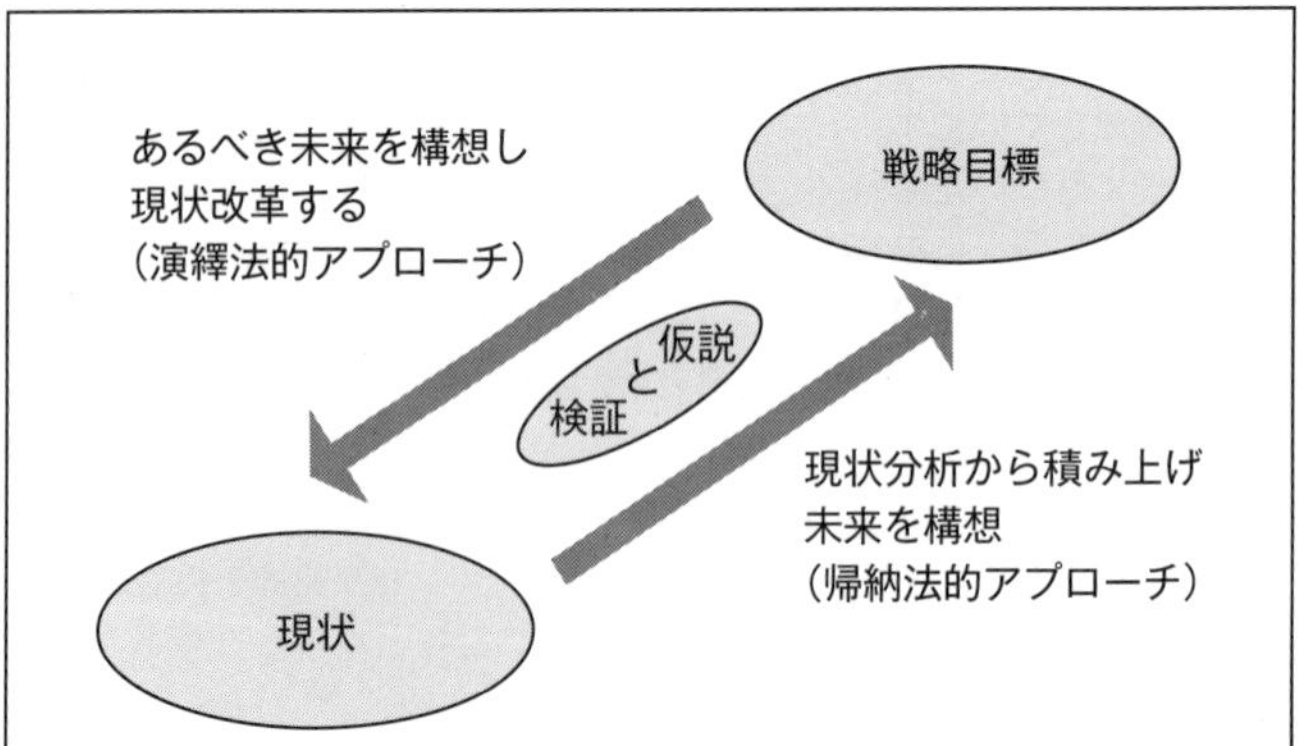

しかし、事業に停滞感が漂い、成長トレンドのイメージが持てないようだと実績に基づく帰納的な思考だけでは戦略目標の決定は困難となる。このような場合は、未来にあるべき姿を提示し、過去の延長線上の経営を否定し、演繹法的に大胆なビジョンを掲げ、現状打破を目指す（演繹的アプローチ）ことも考えられる。

また、このようなやり方を、事業が成長し続けているにもかかわらず、あえて常套手段として採用する企業も見受けられる。組織に常に緊張感を持たせるためである。ただし実力以上の高

株式会社ニトリのロマンと経営ビジョン

ロマン

欧米並みの住まいの豊かさを、世界の多くの人々に提供する

ビジョン

2012年に

1. 目標300店　売上3,800億円

2. 日本からアジアへ、そして世界へ

3. 新フォーマットでの多店展開

（注）ニトリ社の2007年４月23日のプレスリリースで発表された「中期経営計画に関するお知らせ」の一部を掲載。なお、発表直前期の売上高は1,891億円であったが、2013年2月期連結業績予想によれば売上高3,600億円となっている。

い戦略目標を掲げる善し悪しは、組織文化その他諸般の事情を慎重に熟慮したうえで判断しないと大きなリスクを冒すことになる。

とりわけ、新規事業の場合は、よく知らない世界との戦いを強いられるため、試行錯誤や学習過程の中で戦略目標を設定することになるので、目標を仮説として位置づけ、実践し検証しつつ再修正してゆくやり方、すなわち仮説・検証型アプローチの経営が有効かつ現実的な方法と思われる。

経営戦略の具体的策定法

今日、経営戦略という言葉ほど多義・多様・頻繁につかわれる用語はない。ビジネスの世界では溢れんばかりで、その定義には混乱すら感じられる。この現象を裏側から見れば、今日という時代が、それだけ変化・スピード・差別化などを企業に求めているからだと言うこともできる。簡単に言ってしまえば、経営戦略（Corporate strategies）とは、経営ビジョンを実現する手段、道筋のことであり、将来に向けた変革のシナリオである。

また別の定義によれば、戦略はどのようにすれば競争に勝てるか、すなわち持続的な競争優位の獲得に関わるものであると。

経営戦略は一般に、事業戦略と全社戦略に分けられる。前者は個々の事業がいかに競争優位を獲得するかに関するもので、競争戦略とも呼ばれている。後者は事業間における資源配分や事業の取捨選択、多角化などのようにその企業グループ全体に関わるものである。

また別の代表的な分類には機能別分類がある。マーケティング、製品開発、生産・調達、財務、人事等の機能中心に分類する戦略である。これらは、業種で違いもあるが、マーケティング、製品開発、生産、サービスなどの企業成長の主要戦略となるものと、その支援的な戦略あるいは要素的な戦略といえる財務、技術、人事、システムなどに分けることも可能である。これらの諸戦略に関する個々の説明は本書の目的から外れるので避ける。

しかし、どの様な分類をしようとも、経営戦略のキーポイントは、どの様にすれば競争に勝てるか、つまり競争優位の獲得（注4）にあることから、競争優位の源泉をなすものは何かを明らかにしなければならない。

バーニーによれば、競争優位とはその企業の行動が業界や市場で経済価値を創出し、かつ同様の行動をとっている企業がほとんど存在しない場合に、その企業が置かれるポジションである、と述べている。要はその業界で、企業が何らかの理由で経済的に優位な状況にある場合である。それは、企業の外部要因である機会と脅威、自社の内部要因である強みと弱みという4要素に関わるものであることはこれまでの研究で明らかであるため、次に、その要因について明らかにしたい。

機会（Opportunities）

首尾良く活用できれば、自社が競争上有利となったり収益向上につながるような外部環境の変化。機会は予測できる場合や予測できずに突然現れることもある。

脅威（Threads）

放置しておくと、自社の競争上不利となったり収益悪化につながる危険な外部環境の変化。全ての企業は常にこのような脅威にさらされている。

強み（Strengths）

自社の競争優位にプラスとなったり収益向上をもたらすような内部的に有する能力および経営資源などの存在。

弱み（Weaknesses）

自社が劣るかあるいは苦手なため競争優位にマイナスとなったり収益悪化をもたらすような能力および経営資源などの存在。

ＳＷＯＴ分析は戦略立案ツール

先に述べた機会、脅威、強み、弱み、この４要素の分析結果から戦略を創出するという方法はその頭文字をとってＳＷＯＴ分析（SWOT Analysis）と呼ばれている。

企業は、競争優位の獲得や収益向上を実現するためのロジックを探求する。図表３—８で分かるように、この４要素の分析・評価との因果関係のなかに戦略を探し求める。戦略目標の達成に奉仕する有意味なものにしなければならない。そこで、ブレーンストーミング（Brain Storming）などを通して的確に抽出することが重要となる。単純に思いつくアイデアを出しても必ずしも戦略立案に有益とはならないことは注意を要する。4要素の内容を注意深く分析し答えを得なければならない。そのためには、常日頃から情報感度を磨き、外部経営環境の動向や社内の経営資源や組織能力の実態把握に努めていないと、機会や脅威の見過ごしや誤判断、真に重要な能力や資源の誤解・見落としといったことが起こる。

新規事業は、未知とリスクの世界であるため、ＳＷＯＴのフレームワークを学習し活用することを強く勧めたい。一度きりではなく長く利用し経験を重ねるほど、一層強力で有効な戦略立案のツールとなる。

SWOT分析の進め方

具体的な進め方としては、先ず外部のマクロ経済データ（マクロ環境）や業界新聞・雑誌、マーケティング・リサーチなどで入手した情報などを使って業界環境（ミクロ環境）に及ぼす影響度を調査・分析・評価する。次に、この影響が自社にどのような機会と脅威をもたらすかを検討し明確化する。

この場合によく使われる手法がファイブフォース分析である。ファイブフォース分析(Five forces analysis)とは、業界内の競争を支配する5つの要因があり、この5つの競争要因から、業界の構造分析をおこない、自社が競争優位になるための戦略を特定する手法のことで、マイケル・ポーターの『競争の戦略』の発表により広く知れわたった(注5)。5つの要因とは、①新規参入者からの脅威、②顧客の交渉力、③供給業者の交渉力、④代替品の脅威、⑤競合他社(Competitor)との戦いである。これら要因の分析視点から自社の直面する機会と脅威を特定するのであ

◎図表3-8　SWOT分析で自社の能力と外部の経営環境を分析し正しく評価する

	プラス面	マイナス面
外部環境	機会 (例:ウェブ社会へ)	脅威 (例:円高の進行)
内部環境	強み (例:高い品質力)	弱み (例:弱い広告宣伝力)

る。

この分析を通して論議を深めると自社の優位性が再確認できるし、反対に競争劣位は何か見えてくる。業界環境の変化が、自社に与えるプラス、マイナスの影響を正しく理解することが重要なのである。

3C分析

次のステップは、3C分析などを行って、業界環境

◎図表3-9　ポーターの「業界内部の競争を支配する要因」

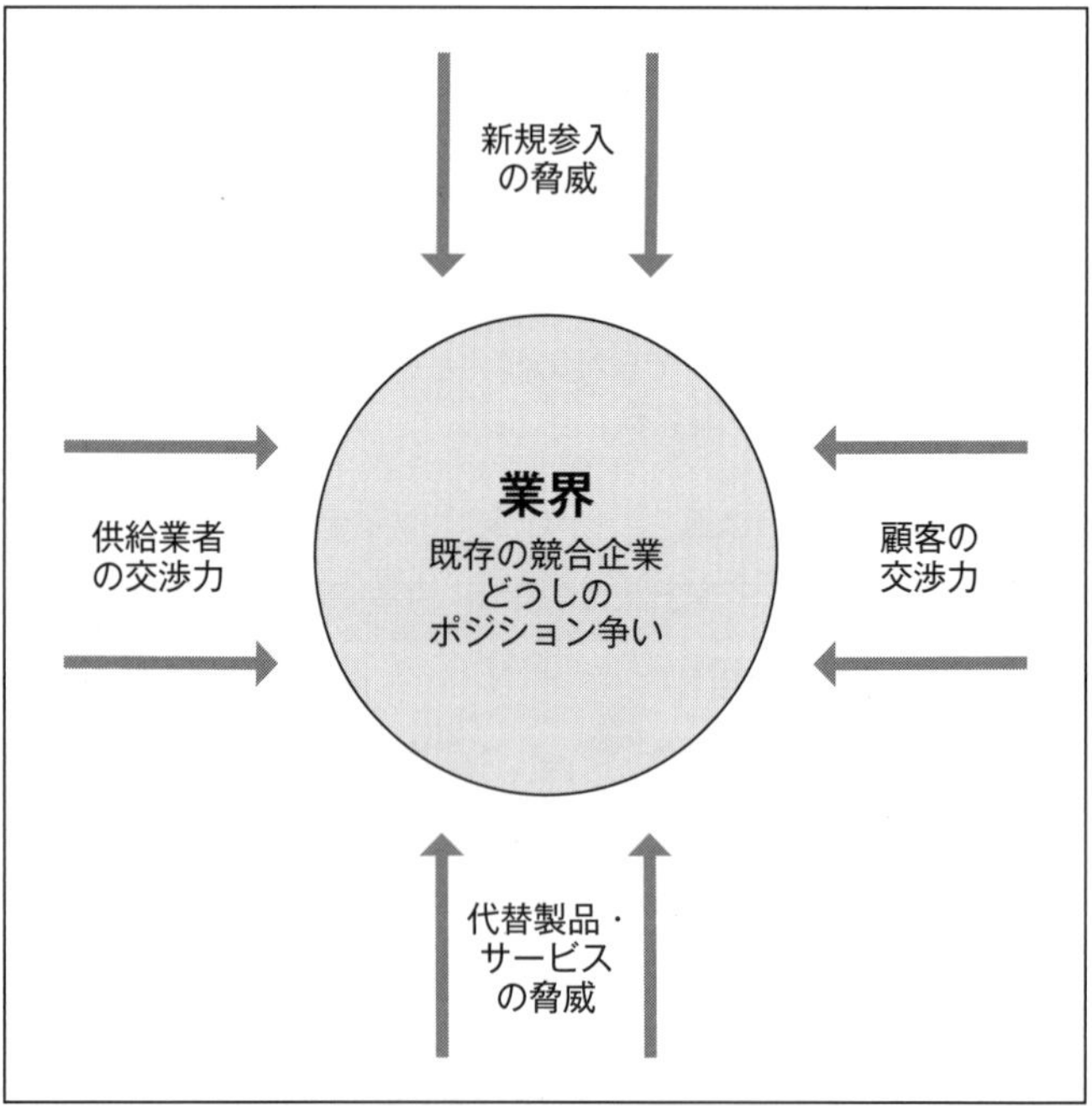

出典：マイケル・ポーター『競争戦略論Ⅰ』（竹内訳）p.34参照。

での成功要因（ＫＳＦ：Key Success Factor）を把握し、自社の内部環境である企業能力（財務、マーケティング、組織・人事、生産など）とすり合わせて、強み、弱みを明確化することである。「機会と脅威」「強みと弱み」の把握は、顧客（Customer）、競合企業（Competitor）、自社（Company）という３Ｃの相互関係を分析することでより明らかにできるため、３Ｃの視点から分析を深耕させる。

自社の「強みと弱み」は、競合企業と比較して相対的なものであるし、市場での「機会や脅威」による影響も、自社にとっての有利・不利だけではなく、「顧客や競合企業」にもどのような影響をもたらすかを検討しなければならない。

さて、こうして抽出された機会と脅威および強み弱みにメリハリをつけつつ図表３―８の４つの窓口にそれぞれ箇条書きで整理・記入する。

クロスSWOT分析

ＳＷＯＴ分析の深化版としてクロスＳＷＯＴ分析がある（図表３―10を参照）。

クロス分析では、先ずは自社に有利な「機会」の現状あるいは出現に対して、自社の「強み」、「弱み」をクロスさせる。この結果、強みを生かして「積極的な攻勢」にでて、行動すべきことは何か、次に「弱みを改善・克服」すべきことは何かを明らかにする。明らかになったことを順次それぞれ箇条書きで整理・記述する。

続いて、「脅威」の出現に対して「強み」、「弱み」をクロスさせ、自社が「克服または差別化」できることは何か、次に「回避・撤退あるいは防止」すべきことは何かを明らかにしてゆくのである。こうして、クロスＳＷＯＴ分析の結果から抽出した提案を

3C分析とは

3C分析とは、顧客（Customer）、競合企業（Competitor）、会社（Company）の３つの視点から、企業を取り巻く環境を分析し、成功要因（KSF）の仮説をたてて、これを事業戦略に生かすために用いられるフレームワークである。

- 顧客は何を求めているか？
- それに対し競合企業はどのような戦略を実行しているか？
- 自社にとっては何が不足しているか？

この解を得るために、顧客や潜在顧客の状況を明らかにし、市場と競合の状態などを分析する。この状況で何が成功要因かを明確にすることが重要となる。

評価し、経営戦略の策定に活用する。

ただ、新規事業の初年度には注意すべきことがある。起業の直前で、ＳＷＯＴ分析の結果が思わしくなく、市場の「機会」に対して準備してきた自社の強みがマッチせず、力量を十分発揮できないという事態もありうる。このような場合には起業の延期あるいは中止も考えなければならない。また、既存企業の一事業部門として新規事業を進めている場合などには、グループ企業とのシナジー効果が

◎図表3-10　クロスSWOT分析

		機会	脅威
	SWOTの4要素からクロス分析して4つの戦略を構想する	機会とは、自社にとって有利な顧客、市場トレンド、技術、政府政策、規制などの変化	脅威とは、自社にとってマイナスとなる顧客動向、市場トレンド、技術、規制などの変化
強み	強みとは、他社より優れた能力、経営資源などである。全領域から具体的に検討し、抽出する	**積極的な攻勢** ・この機会を最大限に利用するための経営課題は何か？ ・迅速に行動し、成果を出す	**差別化戦略** ・脅威の悪影響を回避する経営課題はなにか？ ・独自性、差別化を進める
弱み	弱みとは、他社より劣る能力、経営資源などである。全領域から具体的に検討し、抽出する	**弱みの改善** ・折角の機会を逃す弱みを改善できる経営課題は何か？ ・克服策へ努力を傾注する	**回避・撤退** ・最悪事態の回避、リスク最小化を図る経営課題は何か？ ・規模の縮小、無理をしない

利用可能かどうか予め十分検討しておくべきである。

戦略は知恵の集積化

ＳＷＯＴ分析は、一人で行うよりグループで行う方が良い結果を生む。新規事業のスタートアップ期では少人数でも止むを得ないが、事業成長につれて専門領域や経験が多様な複数のスタッフによるグループで進めることが望ましい。新規事業の立上げ時では、創業者を含む少人数で行うことになろうが、はじめは外部のコンサルタントなどＳＷＯＴ分析の経験豊富な第三者にコーディネーターを依頼して進めた方が効果的と思われる。また、事業スタートを判断する前にリスクとリターンの関係を整理する場合にも有益な手法と考えられるので、クロスＳＷＯＴ分析の結果を検討して、新規事業を実行に移すか否かの判断にも活用できる。ただし、複数の事業ラインがある場合には別々に分析することが必要である。

新規事業の立上げ後２～３年経過するに伴い、実務経験を深めるためＳＷＯＴ分析の練熟度も高まるようになる。経営課題の解決能力や学習効果を考えれば、経営トップや幹部スタッフはできるだけ全員参加させることが望ましい。こうした場合、事前に参加者に対して、ＳＷＯＴ分析等の説明会を持ち、４要素の研究を課題として出しておく。研修方式をとり、１～２日の集中合宿などを行えば更に効率的。参加者は会議の当日に提案するアイデアを持ち寄ってクロスＳＷＯＴ分析表に書き込む。書き込んだらグループでどの政策提案が妥当かの検討会議を行い、重複提案の統一化、見落とした提案の追加、表現の適正化、重要性のメリハリなどを行いながら検討会議を進める。この作業は多様な視点からの情報と知恵の整理・集約化である。ＳＷＯＴ分析では最初の４要素の的確な指摘が特に重要である。これが適切でないとその後の分析価値に疑問符がつくことになる。

最後に、分析結果を全体的に統一、類型化し戦略の属性ごとに整理することになる。具体的には、製品サービス、営業・マーケティング、品質・技術、財務、人事などに関する業務別の戦略だけではなく、取締役会議での意思決定を要するようなＭ＆Ａ、撤退、アライアンス、大型投資戦略なども出てくるであろう。最後は、優先順位を付け、経営トップの意思決定を経て、これらを中長期あるいは短期の「戦略オプション」としてまとめることになる。

戦略的思考と行動が差を生む時代

日本企業は概して戦略的意思決定が弱いといわれてきた。明確な戦略ポジションを有している企業は多くない。ポーターによれば、日本企業は、お互いに模倣しあっているだけである。競争し合う企業はほとんど全てといっていいくらい、幅広く製品ライン・仕様・サービスを網羅している。どの流通チャネルにも手を出すし、工場の設定も互いに似通っている、と指摘する。日本はコンセンサス志向が強く、企業では個人の違いを際立たせるよりも、中和してしまおうという強い傾向がある。対照的に、戦略には厳しい選択が必要である。また、日本企業には、深く染み込んだサービスの伝統があり、顧客が表明するニーズをとことん満足させようとする気質が根付いている。こうしたやり方で競争する企業は、明確なポジショニングを見失ってしまい「すべてのモノをすべての顧客へ」という体制になってしまう（注6）、と述べている。日本の伝統的な強みが、今日では戦略的行動の制約となっているというのである。

かつて経済成長期ないしは安定期の時代には、ミドルのリーダーシップとボトムの力で効果的に果実をもたらしてきた。これは日本的経営の美談でもあったが、いわゆるバブル経済が破綻し、グローバル化に伴う本格的な国際競争時代を迎えた１９９０年代以降は様子が一変した。世界経済地図の激変の中で、より有利なコスト競争力を求め、より豊富な資源保有国を目指し、より高い成長性を示す諸国へと投資のシフトが起こった。国際関係性、競争状況、生産、販売、投資、人材に至るまで、スピードと戦略的意思決定がこれまでと比較にできないほどの一般化と重要性を持つに至った。今や、戦略的思考と行動は経営トップの仕事となり、企業の業績を決定的に左右する時代となった。

戦略論の学習

戦略的マインドは一朝一夕で身につくものではない。日本人は、真摯な物づくりに取り組む姿勢やきめ細かいサービス精神には長けているという事実は万人が認める。しかし、何でもありの国際的な競争激化と経営資源の流動化をむかえ、戦略的思考に基づく意思決定と行動はあまり得手としてこなかった。組織変更、人事異動、オペレーションの改善、商品の高機能化だけでは十分な対応とはならない環境が出現しているのである。

しかしながら、最近、新興企業に見られるように、若手経営者の様子は違ってきた。中には戦略的意思決定力、行動力に優れ、世界市場でリーダーシップを発揮している人材が出現していることも紛れもない事実である。また、戦略設定において、外部コンサルタントを利用する会社も多くなった。バブル経済の破綻以前は、コンサルタントも会計・ＩＴ系が目立つ程度だった。しかし、この20数年を振り返ると、戦略的意思決定、トップダウン型による改革に迫られ、コンサルティング手法とは相性が良くなったようだ。事業再生、財務アドバイザリー、組織人事、ＢＰＯ（Business Process Outsourcing）、そして戦略系、Ｍ＆Ａと急速にコンサルティング領域が広がってきた。トップマネジメントが、スピードと戦略的意思決定に迫られていることが背景と考えられる。ここ20年、コンサルティングは急成長産業となった。

また、企業自らの組織能力の強化・進化という視点から、社員がＭＢＡコースなどでマネジメント理論や知識、方法論などを学べるようにもなった。内外環境の変化に対応可能な新知識、スキル、方法論、戦略論などの習得は、実務経験と相まってやがて競争力の源泉となりうるものである。今日では、思考や戦略のフレームワーク（注7）そして多くの知見が開発されているので、知らないで作戦を立てる愚は避けなければならない。

戦略とアクションプランは車の両輪

クロスＳＷＯＴ分析等により、抽出した「戦略オプション」が定まると、企業の進行方向が具体的に明らかとなる。企業の目的達成に向けた戦略が選択されれば、その達成に向けて

ペスト分析とは

ペスト分析とは、マクロ環境のうち現在あるいは将来の事業活動に影響を及ぼす可能性のある要素である、政治的（Political）、経済的（Economic）、社会的（Social）、技術的（Technological）の4つの視点から、自社にプラス又はマイナスの影響を与える要因を把握し、その影響度を評価していくフレームワークのこと。

必要となる経営資源が分かる。すなわち、あるべき組織と人材の必要性が分かる。必要とする資金量も分かる。そして最も重要なことに、社員は明日のとるべき行動が見えるようになることである。

こうして、次の段階は、中期プランの確定を待ってこの選択された経営戦略を実行に移すため、年度計画として展開する必要がある。ある緊急性の高い戦略やプロジェクトなどには即座に初年度から実行され初年度で完結するものもあるが、2〜3年あるいは中にはそれ以上の年限を必要とする継続的なものもある。

いずれにしても、単年度利益計画とか単年度予算（図表3―11参照）という形に落とし込まなければ実行には移せない。

この中期計画は、かくして、初年度実施部分が初年度予算として展開され、行動計画（Action Plan）が作成され、実行に移されることになる。この場合、予算は初年度のみ作成される。ただし、中長期プラン上の財務数値による計画は、予算のように部門毎、月別、費目別に詳細には作らず、売上高、原価、利益や目標利益率など重要な経営指標を中心に作成すれば足りると思われる。しかし、戦略目標の達成年度までの数年間は財務数値による計画は非常に重要である。

　また、経営戦略は、どの様に記述しても現場で実行されなければ絵にかいた餅となる。従って、戦略の策定と実行は表裏一体のものである。新規事業の立上げ時期には過去の経験の活用や模倣ができないため、どのような行動が因果関係において成果に結びつくか、効果的行動がとれるよう事前によく検討しておく必要

◎図表3-11　中長期の戦略目標を単年度計画へ展開

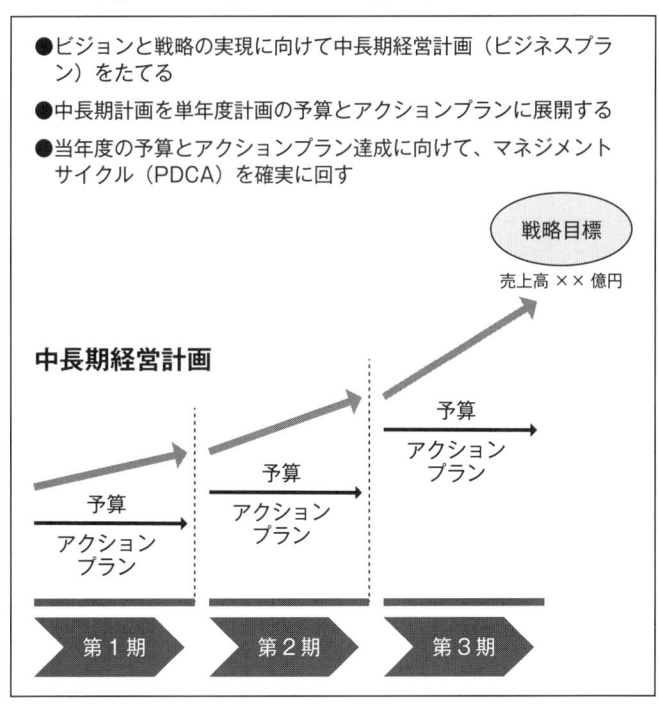

- ビジョンと戦略の実現に向けて中長期経営計画（ビジネスプラン）をたてる
- 中長期計画を単年度計画の予算とアクションプランに展開する
- 当年度の予算とアクションプラン達成に向けて、マネジメントサイクル（PDCA）を確実に回す

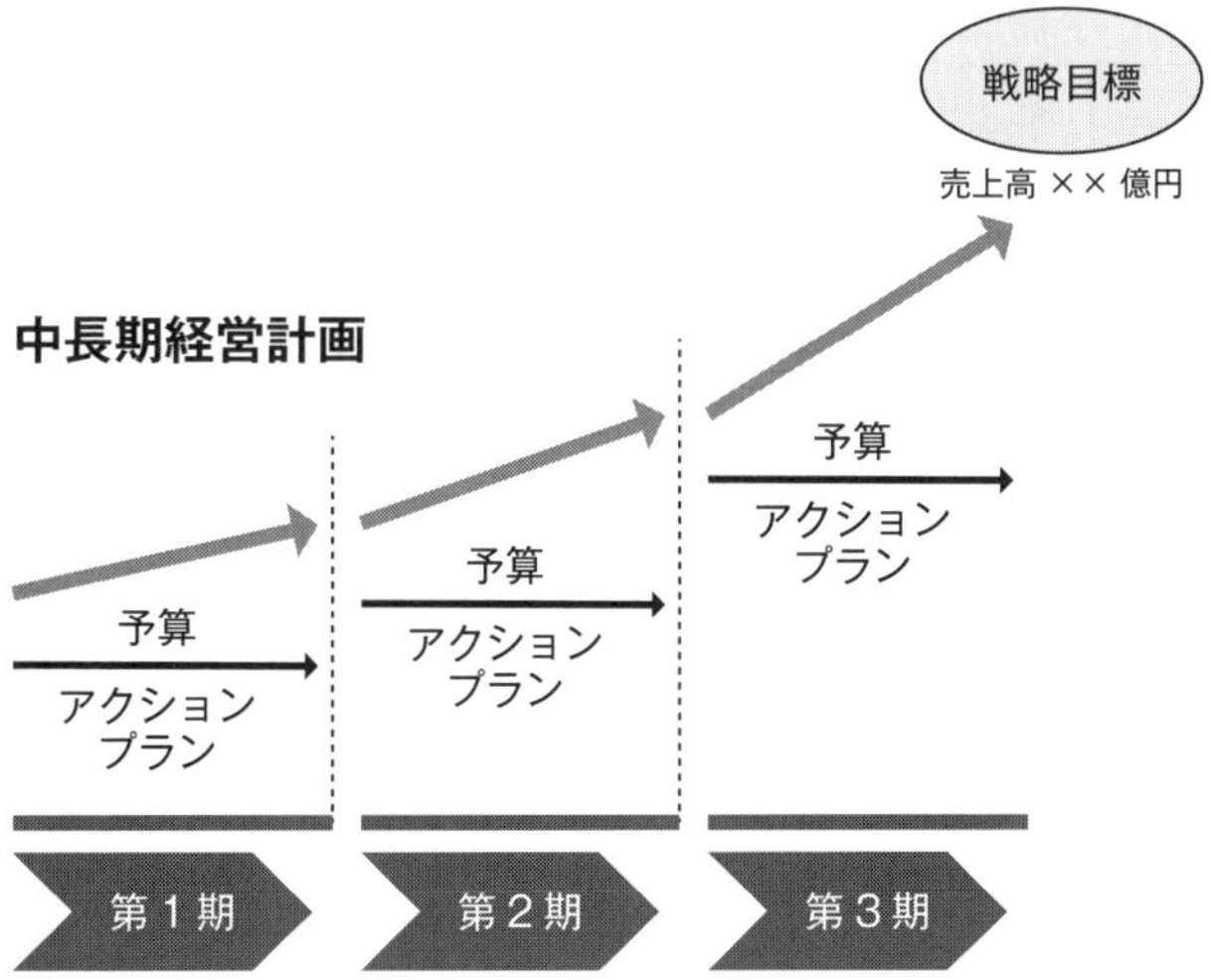

がある。

　戦略実行のための行動計画を記述した個人別の自己管理シートはアクションプランと呼ばれる。戦略目標を関連する下位組織における実践目標あるいは実践課題として展開していくかは非常に重要である。組織上位の目標や戦略が、下位の各グループや個人別の達成目標にブレイクダウンされ、アクションプラン（図表3―12参照）が作成される。ここで、「目標による管理」などの手法を上手く活用することも一方法である。

　また、当然のことではあるが、アクションプランは文書化する過程で年度予算制度と連動しなければならない。予算が計上されないアクションプランでは実際に行動を起こせない。逆も真なりで、

◎図表3-12　個人別アクションプランのイメージ

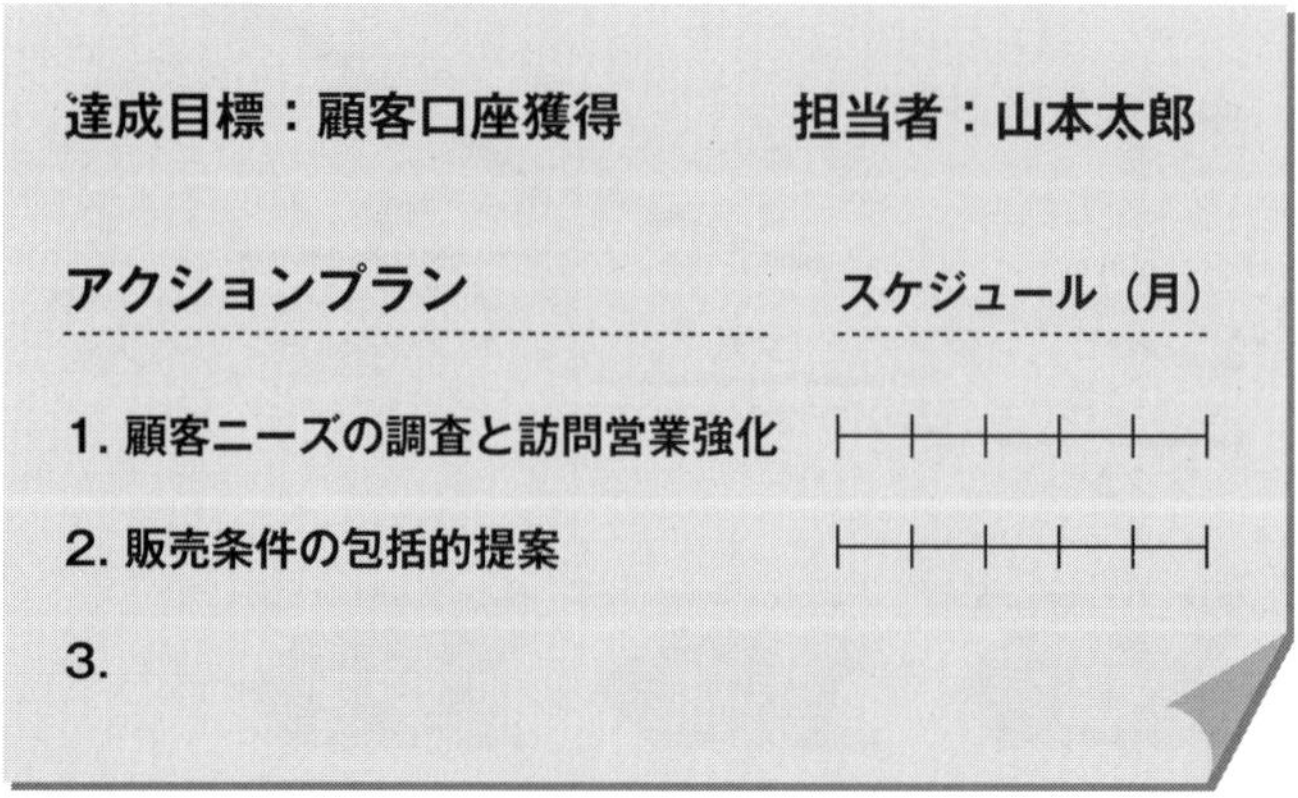

達成目標：顧客口座獲得	担当者：山本太郎
アクションプラン	スケジュール（月）
1. 顧客ニーズの調査と訪問営業強化	├─┼─┼─┼─┤
2. 販売条件の包括的提案	├─┼─┼─┼─┤
3.	

アクションプランのない予算では行動の裏付けが見えないので予算効果に疑問がつくことになる。形式は別として、この二つは必ず、ワンセットで用意されるべきものだ。

ビジネスプランの策定プロセスを俯瞰する

これまで検討してきた中期ビジネスプランの策定プロセスの構造を図表3―13に示した。このビジネスプランは中長期の経営計画として作成するが、一年後には初年度実績が判明することに加え、新

「目標による管理」とは？

目標による管理（Management by Objective）は、単に目標管理ともいわれ、マネジメントの父と仰がれるようになったドラッカーが、1950年代に提唱したもの。個人や部門単位で業務上の達成目標を自主的に設定させ、自ら実行し主体的に仕事の進捗を管理しようとする制度。この制度を人事制度に取り入れ、目標の達成度に難易度を勘案した上で成果を評価し報酬に反映することが目的化し、成果主義、ノルマ主義に陥り失敗をたどる例もでた。しかし、ドラッカー曰く、目標管理の最大の利点は、支配によるマネジメントを自己管理によるマネジメント（すなわち自らの仕事を自ら管理すること）に変えることである。

ドラッカー『現代の経営』p.179～180

たな環境変化を取り込むことにより中期プランをアップツーデートする必要性が発生する。すなわち、毎年見直しをして、その第一年度分を、翌年度の計画として、予算編成を行うという流れである。この方式は、中期プランが毎年更新されるので、ローリング方式と呼ばれる。出来れば、中長期プランの見直し作業は、繁忙期を避けビジネスに時間的余裕の生まれる期間を利用してじっくりと取り組みたい。

ビジネスプラン策定と更新

◎図表3-13　ビジネスプラン策定プロセスの構造

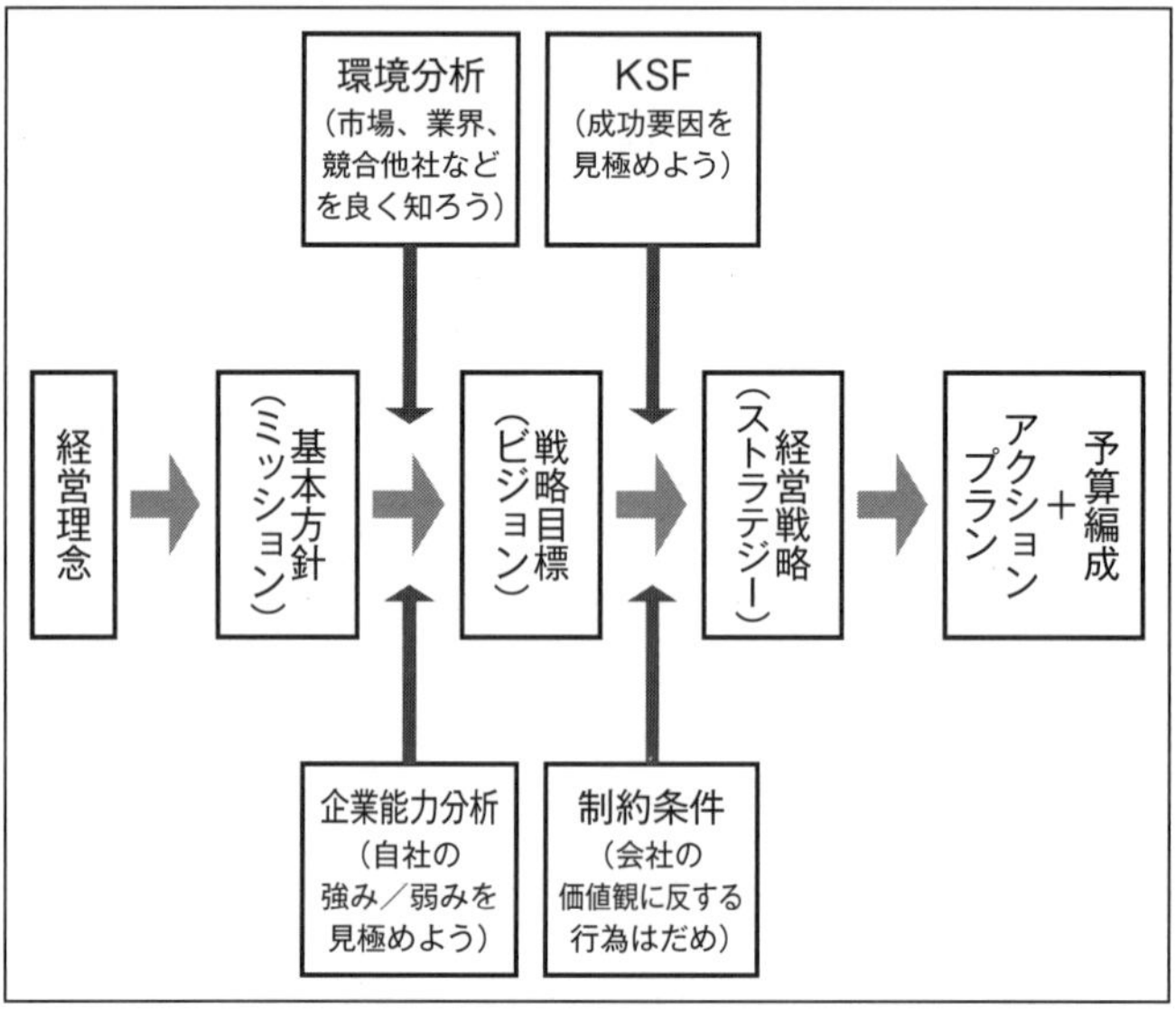

起業し、はじめてビジネスプランを策定することは簡単なことではない。知識・経験の不足は新規事業であればこそ当然である。しかし、2年度目は、負担が軽くなる。初年度作成したプランを見直して現状に即してアップツーデートすることで済む部分がある。初年度の学習効果が大きく影響し、質的にも一段高いプランとなり作業もより効率的に進行する。しかし、2年度、3年度でも、ビジネスプランの様式自体には特別変化はない。更新作業といえども常に、経営理念の再認識から始めるべきである。

次に、経営理念に基づく基本方針を再確認する。基本方針は、企業の進むべき方向、達成命題、ミッションなど経営の土台となる根本方針であるが、用語的には統一されているわけではない。この基本方針に則り、戦略目標（Vision）を掲げ、続いてその達成のための経営戦略（Strategies）を策定することになる。戦略目標は中長期に達成すべき目標の場合には、一年経過したからといって、大きく変更することはないだろう。しかし、経営戦略の前進は、一年経過すると自社の実力と外部環境の事実認識を改めなければならない事態が生じることがある。それは次のような理由からである。

①あらゆるビジネスのスピードが加速していること。
②異業種間競争が激しく、思いがけないところから競争がやってくる。
③既存のビジネスモデルが競争によって崩される可能性が増大している。

孫子にいわく「敵を知り己を知らば百戦危うからず」。内外環境の客観情勢に立脚した戦略でなければ目標成就は困難ということである。先に述べたように、３Ｃ分析、クロスＳＷＯＴ分析をはじめ各種の分析手法を駆使して戦略を見直し修正することになる。

さて、その後何年か先の長期的な状況を考えれば、経営戦略の前提条件は更に不透明となろう。少しずつ改良を重ねてきたビジネスモデルも、陳腐化がすすみ競争優位性が根底から崩されるときがやがて到来する可能性がある。こうした場合には、ビジネスモデルそのものの根本に関わる変革あるいはイノベーションが必要だ。もう一つ、このような時期の戦略として、Ｒ・Ｇ・マックグラス（注13）は顧客の定着やロイヤリティをあげている。それに参入障壁を生み出すビジネスモデルの追求が効果的と指摘している。

戦略実行はコミュニケーション力

いかに優れた戦略でも実行されなければ意味がない。こうしたことが起こるのも現実の組織では珍しいことではない。業績は戦略立案能力の差ではなく、実行力の差であることが実に多い。新規事業においても参考になると思われるので、中堅企業や大手企業でよくみられる現象であるが、戦略を実行に移す場合の留意点に触れたい。

第一に、経営トップの意思決定により戦略が策定され、その実現のために組織が決定される。人は組織に帰属し、現場で実行される。分かりやすく言えばトップダウン方式で命令が実行されることになる。通常、この指示命令系統の流れがしっかりしていないと戦略は全組織により確実に実行されないことになる。換言すればトップダウン方式は組織のヒエラルキーに沿って情報の流れを促進させ、戦略の共有化と実行を担保するという考え方を基本とする。

ドラッカーによれば（注9）、組織構造とは、組織が目的を達成するための手段である。

したがって組織構造に取り組むには、目的と戦略から入らなければならない。組織構造を決めるのは、戦略である。戦略が組織の基本活動を決める。優れた組織構造とは、それらの基本活動が成果をあげる構造にほかならない。

ただし、この場合に注意すべきことがある。いかに優れた戦略でも、日本のような企業文化の下では、組織を単なる戦略実行の手段とは考えない傾向がある。現場にこそ蓄積された組織能力があり、高品質、高機能の製品やサービスを作り出すという組織風土においては、戦略もまたこれを反映して決定されなければならない。企業の風土や文化を理解しないで下した指示・命令は、成果を十分にあげられず、時として失敗しかねない。これは製造業によく見られた日本的経営の強さでもある顕著な特徴の一つと考えられる。重要な事は、いわばボトムアップを活用しつつ、果敢な戦略的行動を実施できるかどうかである。近年のグローバル競争下では、外とつながることが求められ、強いリーダーシップによる、経営戦略のスピーディな意思決定と確実な実行が求められる。

この点、新規事業においては、大手企業と比べ、組織構造が非常にシンプルで小さく、業務上の機能と組織上の家族的運営が両立しやすいと思われる。いずれの場合も意思の伝達は円滑なコミュニケーションに基づくものでなければならない。

重要成功要因（ＫＳＦ）

ビジネスプラン策定プロセスの構造（図表3―13参照）の中で、経営戦略の策定には、重要成功要因（ＫＳＦ：Key Success Factors）の洗い出しと確認が必要となる。この作業は、先に触れた、ＳＷＯＴ分析や３Ｃ分析の中で明らかにする

◎図表3-14　戦略立案と実行のための組織

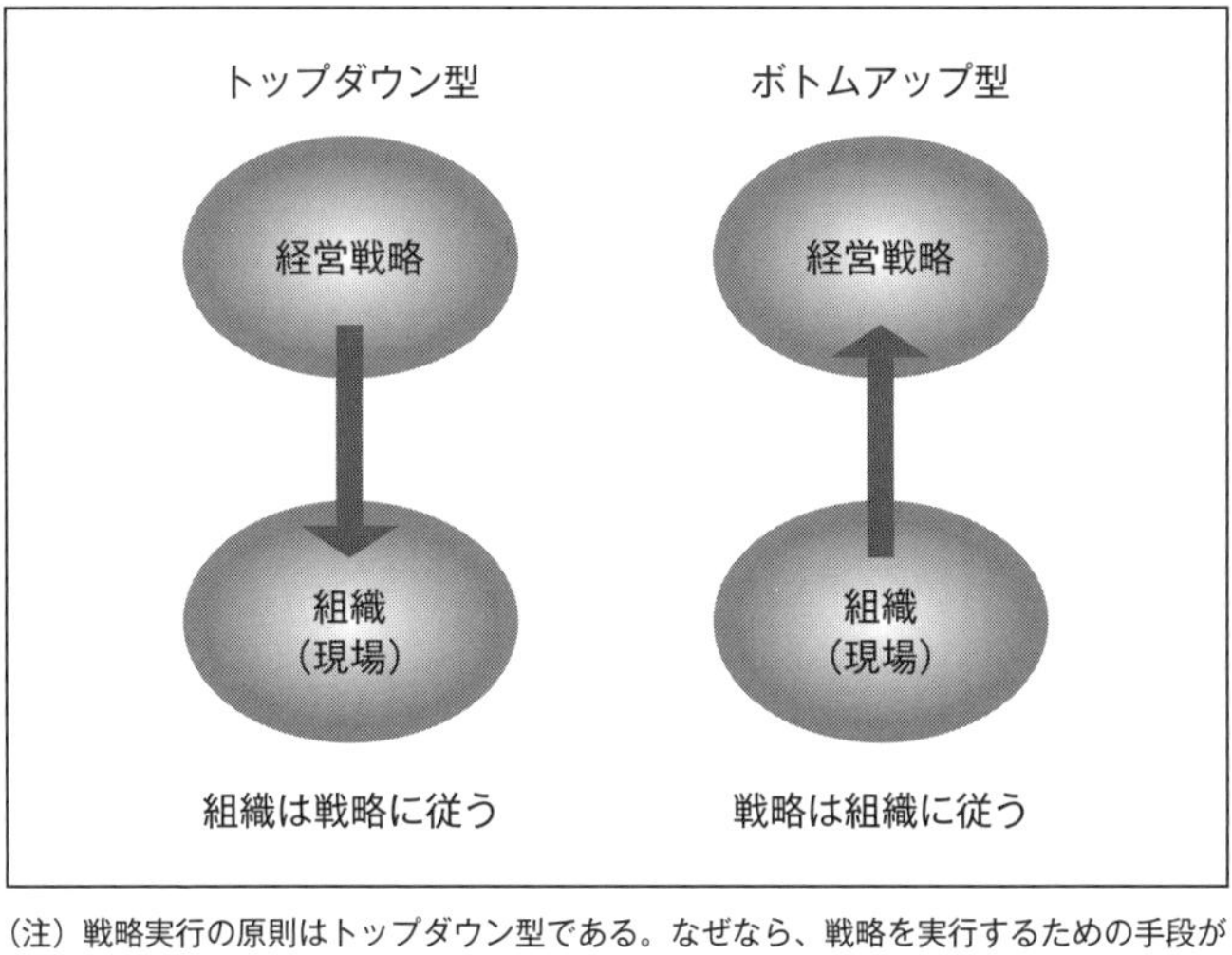

（注）戦略実行の原則はトップダウン型である。なぜなら、戦略を実行するための手段が組織だからである。現場や人は組織を離れて存在しない。常に組織に付随する。従って、戦略の変更なしに行う、組織改革は誤りである。チャンドラーも、新しい戦略が採用されると、それに伴い新しい組織が生まれるので「組織は戦略に従う」原則があると明快に述べた。しかし、一見、これに矛盾するようだが、アンゾフの「戦略は組織に従う」という、ボトムアップ型の主張にも真実がある。これらは戦略の実行に当たり、よく組織を観察した上で原則に徹すべしというマネジメントを示唆している。

ことができる。

ここで、ＫＳＦとは、事業を成功に導くための鍵となる重要な要因をいう。事業にはそれぞれ特性がある。ファッション・ビジネスならデザインやブランドとか、レストランなら味やサービス、郊外型の書店なら書籍数の多さと十分な駐車場スペースが必要というような事業特性が存在する。ＫＳＦはその業種で他社と互角以上に戦うにはどの様な要素を具備したビジネスモデルが必要かを検討し、戦略に反映させることが競争優位を維持することになる。

ＫＳＦを洗い出す上で参考にすべきは、同業者のベストプラクティスを学ぶこと、顧客が商品の購入を決める際に重視する要素（ＫＢＦ：Key Buying Factor）の変化を詳細に調査・検討することなどである。とりわけ、優れたビジネスモデルでも、拡大・成長段階に進むと競合の出現・価格競争の激化など市場環境が大きく変化するので、気付かぬ間に成功要因に変化が生じていることが考えられる。このようなことが起こりうるのでビジネスプランを毎年アップデートするときに見直すべきである。

制約条件

ここでの制約条件とは、新規事業を進める上で決して行ってはならない行為である。制約条件は経営理念やミッション、そこから染み出る価値観（Value）に逆行する行為である。売上高をつくりたいが故に非常識な販売方法を採用する。あるいは、企業の価値観に反する倫理的でない製品を生産する。社会的規範にもとる活動などを行ってはならない。このような行為を行えば、遂には企業イメージやレピュテーション（企業の評判）を傷つけ、やがて顧客が離れ企業価値を劣化させることになる。

創業初期の失敗

多産多死型といわれるベンチャー大国のアメリカでは、「失敗は法則」であり例外ではない（注10）といわれるほど、失敗は一般化している。さりとて創業初期段階での失敗には十分注意を払う必要がある。見通しや計画の甘さを早々と認めることは簡単ではない。創業の厳しさを覚悟したうえでのスタートであり、あるいは熱き思いを周囲に語り、協力や支援を求めたことも記憶に新しく、全力で突き進む以外に選択の余地はない。従って、よくある失敗の轍を踏む確率を引き下げるためにも、どうして失敗するのか、その原因を予め理解しておくことには意味がある。数多くのベンチャー失敗事例をまとめた「失敗の研究」（注11）によれば、営業、収益確保への執着心の弱さ、コスト管理の甘さ、技術への過信、いちかばちかの無謀な挑戦、じり貧・戦略判断のミス、社長が不適任で明らかな能力不足、等々があげられている。

　その他に入手した調査データも失敗理由は、実に多岐にわたっている。ただ、共通して多い指摘に、アイデアが素晴らしいのでビジネスプランを十分検討せず開業したという失敗要因が意外と多いことは残念である。学ぶ機会が用意されているにもかかわらずだ。しかし、このことも含め、主な失敗には次の３つの根本要因が深く関わっていることがわかった。①起業機会に恵まれなかった。②経営チーム（パートナー）の問題。③資金ショートである（注12）。

起業機会の失敗

どのような機会に起業すべきか、そのタイミングは決定的に重要である。事業のアイデアが素晴らしいことに自信を得て、起業機会を見る目を失うことは失敗の大きな原因となる。アイデアの良さは起業機会を意味しない。起業機会に失敗すると、キャッシュアウトに悩まされる。つまり、伸びない売上高と手元資金の食いつぶしという二つのジレンマに陥る。さりとて完全な起業機会など容易に見つかるものではなく、環境変化を観察しつつ、リスク状況をみながら、今か、次の機会か、と決断時期を探り、合理的かつ早い機会に判断しなければならない。これは、日常的な仕事とは全く異なる、創業者（起業家）ならではの仕事である。「勝つ者には偶然があり、敗れるものには必然がある」といわれるような事態である。よいアイデアが起業機会に丁度マッチするという偶然も大いにあり得ることで、他人の目から見れば、機会の選択に成功した者に対し、あいつは運が良かっただけだと。確かにそうかもしれないが、正しくは、「幸運の女神は準備したところに訪れる」という解釈が私は好きである。

また、起業者の意思決定の困難性を説明するものにドーフ&バイアースの決断のマトリックスがある。これによれば、起業家は、行動を起こす場合、自らの心理的状況や財政能力を思案しつつ選択の起こりうる結果を予測した上で、合理的決断を下そうとする。その場合、彼らのいう決断のマトリックス（図表3―15参照）に適合するような最良の機会を探して、「構え、狙え、撃て」だと述べている（注13）。ここにも起業機会の選択や意思決定の困難性がみてとれる。

◎図表3-15　決断のマトリックス

		機会の質	
		貧弱	大変良い
決断	行動を起こす	間違った選択 損失	素晴らしい選択 的中
	行動を起こさない	適切な却下 資源の蓄積	機会の見落とし 機会損失

出典：R. ドーフ&T. バイアース『最強の企業戦略』p.57

経営チームの問題

誰がその組織をリードするか。事業の発起人は通常は１、２名で、必要な場合その者が早期に５、６名の経営チームを編成してスタートすることになる。このメンバーは創業者（Founders）と呼ばれることになるが、組織のあらゆる面でリーダー役を担う。個人的には、その事業に強いコミットメント（Commitment）があり、高潔で、市民としても良識を示す人物であることが期待される。数人のリーダーなら、異なった分野の専門知識を有することが望ましく、営業・マーケティング、経理・財務、商品企画・開発などと機能別に分担可能であることが総合力を発揮する。「チームという限り、相互に説明責任を持つ。共通のゴールを持つ、取り組みにコミットメントを持つ、互いに補完し合うという条件を満たす必要がある。このようなチームは、個人的に創業するより、より良い業績を達成できる」（注14）ということだ。

しかし、注意すべきは、経営チームはパートナーではあっても決して横並びではない。

その中での最高経営責任者（CEO）を明確にすること、パートナーの成果報酬のルールをはじめに確立しておくこと、一定のガバナンスを効かせるため見識の高い顧問や非常勤役員等を設置することである。さもないと、スタートしてから問題がおこる。

また、経営チームにおけるチームワークは非常に重要である。しかし一事が万事、新しい事にはルールがない。慣例も前例踏襲主義も全くない。全てはこれからつくる。風通しの良いコミュニケーションもチームワークが悪いと上手くいかない。経営チームメンバーは時間の許す限り頻繁に情報交換し、補完し合い、仮説と検証を繰り返し、常に学習する姿勢を維持することである。学習する組織こそ最強の組織である。経営チームには、健全な企業文化を形成する役割がある。よき経営チームがあすの成功を決定する。

創業当初の資金ショート

新規事業では、初めに肝に銘ずべきことがある。事業を開始した日から確実にキャッシュの流出が発生する。日々の活動の全てにまたがり何らかの現金支出が発生する。事業の開始は、砂時計の砂が落ちはじめることと同じ現象である。もはや止められない。しかし、収入の源泉である売上高の計上は、何ら確約されない。受注をしても、売上高を計上しても、キャッシュの入金は先の話である。この入金と出金のタイムラグ（time lag）こそ初めに肝に銘ずべきことなのだ。これが分かれば、のちに資金ショートがもたらすパニックを防げるであろう。資金ショートを防止する上で忘れてはならない視点は、商品やサービスの売上から入金までの期間（入金速度）と、通常、売上に先行する商品仕入、給料等の支払いなどの支払期間（出金速度）がもたらすタイムラグのマネジメントである。この点を踏まえ、第一に準備すべきことは、新規事業では、最初の段階で向こう数年間の資金繰り表を作成し、資金調達法を十分検討しておくことである。

　また、資金ショートには、スタートアップ期の固定資産の購入やシステム開発投資など多額に上る投資額が見込まれる場合には更に要注意である。しかし、検討されたビジネスプランを用意していれば、当然に投資予算として計上されているはずである。人員の採用計画も然りである。このような性格の重要な投資は、経営チームにより通常、慎重な意思決定を受けて実行される点で、いわば注視の的であり、熟慮され、必要額の資金手当ても見逃さないだろう。

ところが一方の、営業資金である仕入に関する支払速度や売上に関する入金速度については、感覚的には分かっているものの、両者の時間速度のタイムラグを計画せず、計画してもその差をマネジメントせず、成行きに任せてしまうことがよく起こる。仕入商品は期待通りに売上にならないし、なっても現金の獲得はかなり遅れるということである。売上時期を予想して仕入時期を決定するが、売上が思うように伸びない、中には売れずに在庫として長期間滞留する。在庫はそのまま新たな資金の滞留となる。あるいはまた、顧客に対し、スタート当初は、在庫不足で信用を失いたくないため多めに仕入れを起こすなど様々な理由が考えられる。また、生産や加工プロセスを有する場合には更に慎重を要する。こうした営業資金のキャッシュフローこそ新規事業の意外な盲点となることに注意する必要がある。

ここでキャッシュフローが営業活動で一回転する時間を考えてみたい。初めに一定額の手元資金がある。これで部品や材料を購入し、製造プロセスをへて仕掛品から完成品となる。そして顧客に売却されれば、売掛金となり一定期間後に手形や現金で入金することになる。初めての入金だが、契約通りに行くとは限らない。遅延や貸倒れが発生することも、過去の実績がないゆえ可能性は否定できない。万時、首尾良く行けば最終的には全額入金となる。ここで、初めの資金が、支出から回収まで一回転することあるいは所要時間は、キャッシュ・コンバージョン・サイクル（ＣＣＣ：Cash Conversion Cycle）あるいはキャッシュ化速度と呼ばれる。ここで留意すべきことは、ビジネスモデルの構築には、このＣＣＣの設計が不可欠ということである。すなわち、ビジネスモデルとキャッシュフロー・モデルの融合こそ事業の立上げ当初から研究しておくべき経営課題であり、後々の資金ショートを防ぐ最初の有力な手段となる。

第四章

収益モデルの検証

Chapter 4

収益モデルの検証

ビジネスモデルの十分性

ビジネスモデルの構造の中には必要条件としての事業コンセプトの確立がなくてはならなかった。優れた事業コンセプトは顧客に支持され、競争優位や差別化の源泉となるものである。従って、ビジネスモデル成立の中心的存在である。しかし、ビジネスを事業として成功させるためには、事業全体を運営するプロセス、仕組みあるいは構造が必要だ。これが具備されてこそのビジネスモデルである。

さて、優れたビジネスモデルが構築できたと宣言したところで、果たして本当に財務的に利益が計上できるのかが問題となる。必要利益は投資や事業継続の前提条件である。

クリステンセンによればビジネスモデルは4つの構成要素、すなわち顧客満足（ビジネスコンセプトの存在）、プロセス、経営資源、そして4番目は利益方程式から成るという。ビジネスモデルの十分性は他の構成要素を満たした上でも結局のところ利益という成果によって評価されることになる。なぜなら、利益は企業の最終目的ではないが、「事業活動の有効性と健全性を測定し、事業にとって究極の判定基準」（注1）と考えられるからである。このビジネスモデルから想定される一定水準の売上高のもとで、どれほどの利益獲得が可能かという利益構造の尺度「損益モデル」を構想することができる。その損益モデルで常にビジネスの進捗状況を測り、あるいは投資に対するリターン水準は受け入れ可能なものかどうかなどを吟味・検証する必要がある。

もう一つ検証すべき対象はキャッシュフローである。これはもう一つの、ビジネスモデルに追加すべき構成要素と考えられる。つまり、このビジネスモデルからどれだけのキャッシュフローの出と入りおよび差額金額の多寡が予想されるのだろうか、そしてその出と入りの時間的速度の違い（タイミング）を把握する必要がある。

ごく一般的にいえば、入金額に関しては、売上高に依存する。入金方法については、その業界の取引慣例から推測可能であるが、顧客が独自の支払い時期や支払方法を設定している場合はそれを受け入れざるを得ないだろう。ただし、新規事業を興すような場合には、魅力的なビジネスモデルを構築し、可能な限り主体的に独自の回収・入金方法を設計することを目指すべきである。

また、出金額については仕入高等に依存する。支払期日に関しては、日本では締日を設定する慣行があることは通常好都合である。例えば、その月の月末までの仕入れあるいは発生経費に関して、その月末締切、翌月15日支払いというやりかたである。ただし、締日には、翌月末締め、翌々月末締めなども一般化している。支払い方法としては、通常一度、買掛金に計上し後日現金決済、あるいは手形決済などが行われる。このような状況から、出金のタイミングの把握は容易である。

ただし、入金は多数の顧客があり、それぞれ異なる支払方法をとるような場合も多いので、従って、出と入りのマッチングに注意を要することは当然である。これは、資金繰りの問題であるが、同時に企業間信用の調整問題でもあるため、事前設計に基づき効率的な「キャッシュフロー・モデル」を設計することが重要となる。もしも、当初の「ビジネスモデル」により予測計算される「損益及びキャッシュフロー状況」が期待水準に届かない場合には、逆に、「損益及びキャッシュフロー」状況が、期待水準に届くまで「ビジネスモデル」の改革・改善の創意工夫が求められる。丁度キャッチボールを繰り返すように、納得できる水準まで研究・改善を深めることが、より強い事業を創造することにつながる。

このように、優れたビジネスモデルは、収益モデルとキャッシュフロー・モデルにより裏付け、検証されていなければならない。

◎図表4-1　事業全体としての「収益構造およびキャッシュフロー構造」を検証する

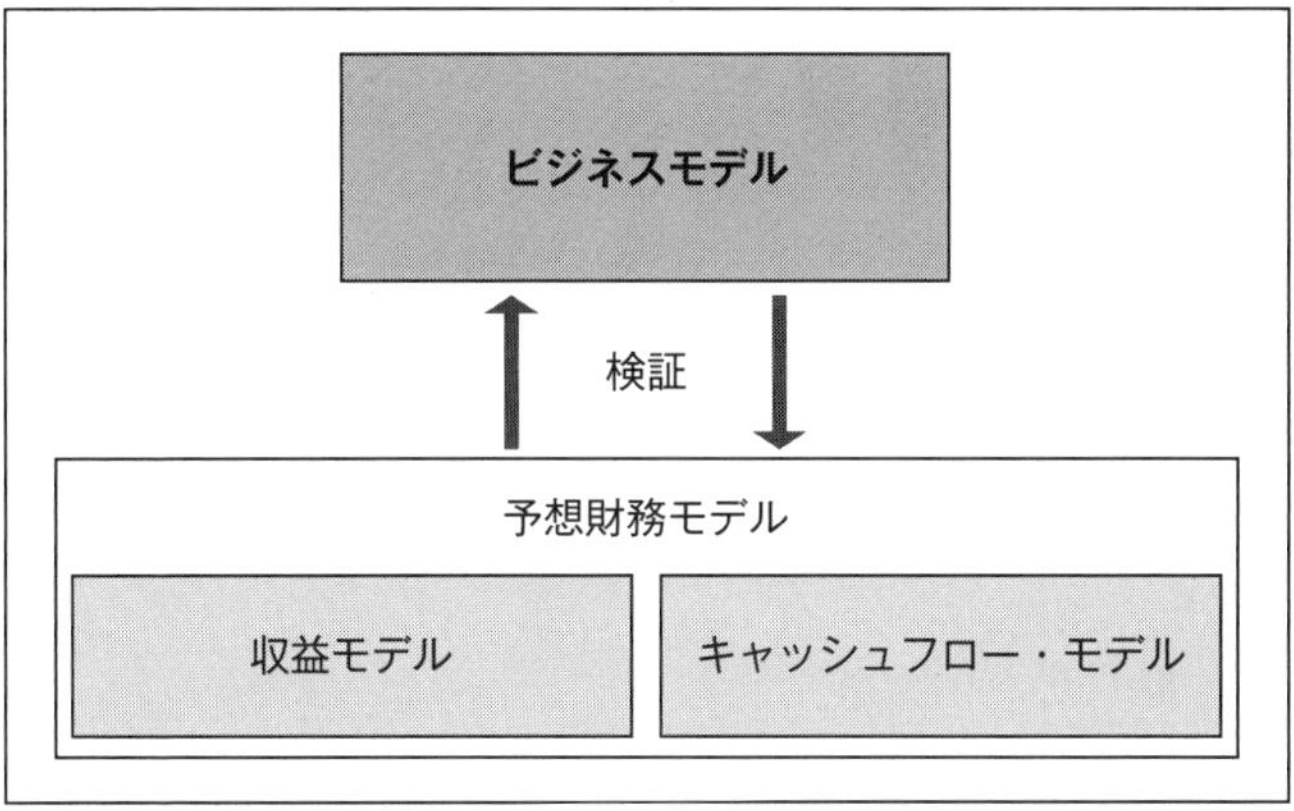

（注）新規事業の計画段階で、ビジネスモデルの実行から見込まれる予想損益および予想キャッシュフローのシミュレーションを行う。

収益モデルとは

ここでいう収益モデルとは、そのビジネスモデルで事業を始めたときに予想される売上高、経費、利益の関係性である。努力すれば達成可能な水準に達した時の、合理的な将来予測であり、この状態での売上高、費用、利益の関係が健全な構造、すなわち納得できる利益方程式として成立しているかどうかである。もしもその事業が、2〜3年後に、この一定水準の売上高に達すると予測出来るなら、それまでは赤字またはそれに近い低収益と考えられるが、それは過渡的である。この場合は、ビジネスモデルの構造問題ではなく、むしろその水準に達するための営業やオペレーションの推進力に関わることかもしれない。

収益モデルとは、ビジネスモデルが一定条件下で有する収益構造という尺度である。予算書のような詳細な形式を有する必要性は全くない。売上高、営業利益率、限界利益率、経常利益率など、いわゆる重要目標達成指標ＫＧＩ（Key Goal Indicator）あるいは重要業績評価指標（ＫＰＩ：Key Performance Indicator）（注2）で用いられる限定的な指標で足りる。

とりわけ、新規事業を開始するべきかどうかの判断に当たっては、この収益モデルを基礎として試算したいくつかの想定シナリオ（現実的予想、楽観的予想、悲観的予想など）を持ち、納得ずくでスタートすべきである。このような収益モデルを用意する効用として次の3つを指摘したい。

①　収益モデルは、ビジネスモデルの脆弱性や問題点を事前に教えてくれる

利益が出ない場合、あるいはよりましな収益を獲得したければ、ビジネスモデルに改良を加える必要がある。ビジネスモデルの構成要素の魅力度、健全性、有効性を再検討すべきである。もし、商品やサービスに魅力がないというなら、コンセプトの再検討という初めに戻らなければならない。投資額や費用構造に困難性があるなら、コアの業務以外はアウトソーシングやアライアンスなどを検討する。いずれにしても何らかの問題点の改善策等を再検討することとなる。収益構造の成立しない事業計画には誰しも望ん

で参加しようとしないだろう。先に光が見えるまで妥協はできない。収益モデル確立のプロセスは新たなアイデア、発見、進化、機会をもたらすかもしれない。初めは努力しても赤字であったが、2～3年後に黒字化する新規事業はいくらでもある。ビジネスモデルの改善プロセスが功を奏したということだ。この創意工夫の改善活動は、新規事業のスタート前から始まり毎年継続して行っていくことになる。

② 収益モデルは日々のビジネス活動を図る尺度や進路となる

業績は、個々の成果、日々の成果の積み上げである。個々の成果とは商品やサービスの一単位の価格（プライシング）とコストで決まる。個々の収益構造をつくるには収益モデルの構造を個々の商品やサービスに関連付けて適用することが原則となる。日々のビジネス活動も収益モデルという尺度に照らしてコントロールすることである。また、中長期プランの作成、年度の予算編成、成果測定等に当たっては、事前設計したＫＧＩやＫＰＩモデルが判断の尺度となる。

③ 失敗の傷を小さくするため、予め撤退ラインを用意する

新規事業にリスクはつきもの。最悪ケースの売上高、損失額、その他収益モデル未実現における乖離差の程度等を予め想定しておき、一定水準に達した時には撤退の決断を行う。

ただし、売上高は相対的なものであり、事業特性上どうしても固定費水準が高くなる収益構造を有する場合など当初の小さい売上高ではどうしても赤字は避けられない。しかし、売上高は見通しがあれば将来の売上拡大時期まで耐えられるし、撤退する必要はない。撤退基準としては、そのビジネスの実績から判断し、収益構造の達成にどの程度実現性が残されているかである。このような撤退基準を設ける目的は、一度新規事業を開始してしまうと、適切な撤退時期を見失い、傷をいたずらに深くすることがありえるために設けたいわば避難基準である。

損益予算を作成し毎月活用する

中長期のビジネスプランでは、向こう3～5年程度、売上高、諸費用、利益に関する計画を作成する。この初年度計画が、勘定科目別に作成され、実行計画として当年度の予算（一般的に予想損益計算書の形式をとる）として編成される。新規事業のスタート時期における予算は、詳細に作成してもそれだけ実現精度が高くなる保証はないしあまり意味もない。なぜなら、創業初年度は、それ以前の過去の実績デー

業績のマネジメント（PDCA）

毎月業績を把握し予算と比較、差異の原因分析、

問題点を把握、経営課題を設定、課題解決をタイムリーに行う。

仮説・検証のプロセスをへて改善を進める。

▶売上に関する課題：販売高、価格、納期、顧客満足度、取引条件、品質、クレーム処理など

▶仕入に関する課題：仕入コスト、納期、在庫水準、品質など

▶経費に関する課題：費用構造、広告費、人件費など

「数字が強いる苦行は自由への過程である！」

（元 ITT の CEO ハロルド・ジェニーン）

タがないし、迎える年度の見通しも不確定要素が多く、どうしても希望的な観測が入りこむ計画になるからである。しかしそうであっても、各業務のプランとコントロールには有益であり必要である。月次決算を行い予算と比較対比することで、現在船はどの辺を航行しているかを即座に理解できる。この月次決算を活用した数字に基づく業績検討会を定例化し、ルーチン化することは、マネジメント上不可欠である。新規事業のスタート直後から、いわゆるＰＤＣＡ（Plan-Do-Check-Action）のマネジメントサイクルを確実に回しながら、改善や経営課題の解決に取り組む仕事こそマネジメントの基本である。

予算を編成する

中長期プランの初年度分は、予算として作成されることは既に述べたとおりである。ここで予算とは、その年度の戦略目標の達成に向けた、事業計画や業務計画を金額によって表現し総合的に編成したものである。予算には、基本的に事業の「計画機能」、「組織内外にわたる調整機能」、「業務のコントロール機能」という3大機能があるとされる。

◎図表4-2　予算体系の例

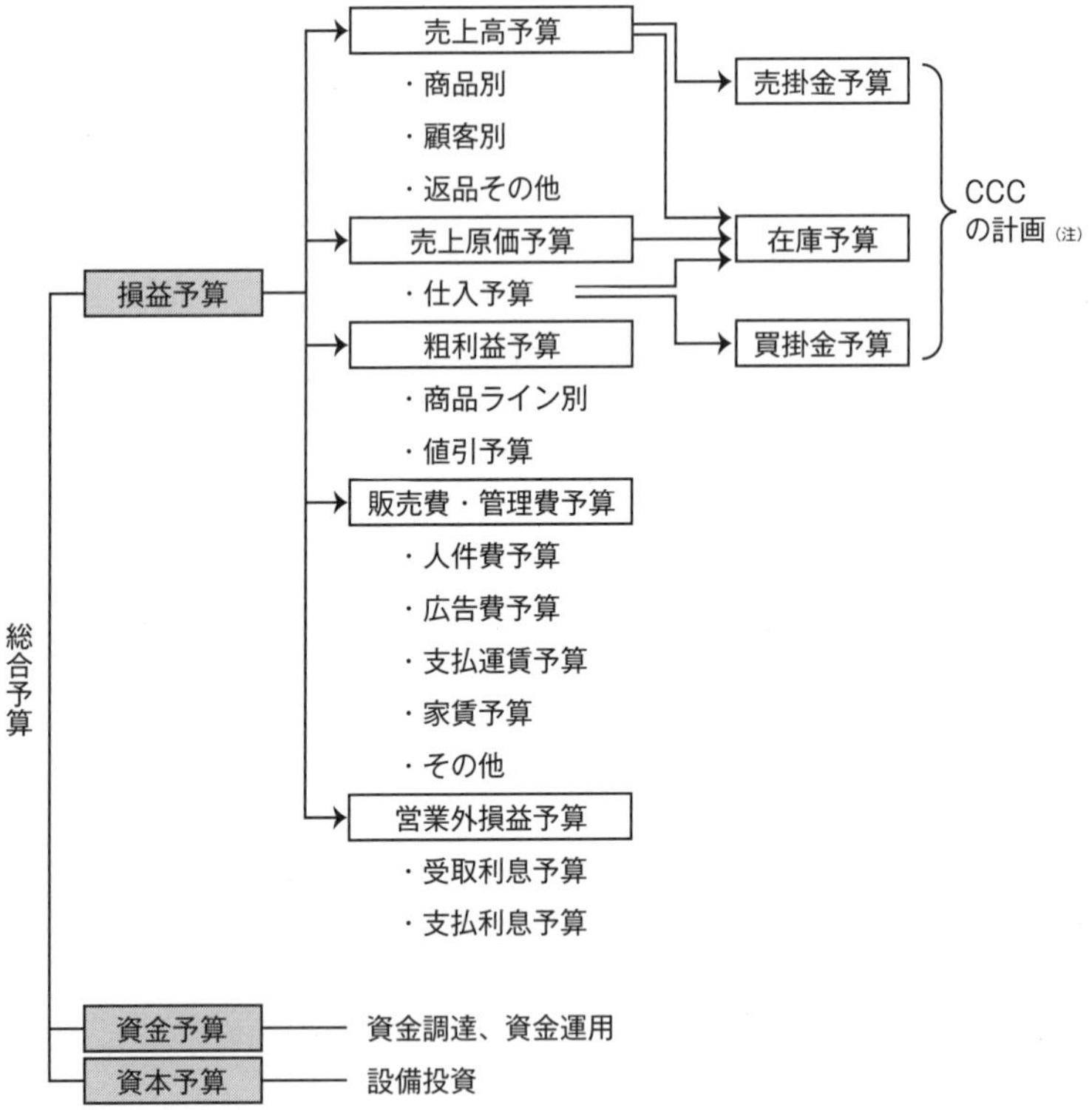

（注）CCCとは、キャッシュコンバージョンサイクルのこと。詳しくは、第5章参照。

予算には、作成や運営に伴うコストと時間の不経済が指摘されるが、作業の効率性を高めれば明らかにそれ以上のメリットをもたらす。

①予算編成を通して、マネジャーに対し以下のような訓練機能をもたらす

・担当する業務や部門の明日を考える
・部下の活用、育成、教育を考える
・問題意識を深め目標達成には何が必要かを考える
・経営を理解し、経数管理（単なる計数の管理ではなく、経営数値の管理を意味する）の能力向上に資する

②予算編成を通して経営方針・目標が全社員で共有化できる

経営トップは、予算編成を通して自らの考えを社員に伝えることができる。一方、社員は、自己の活動目標や計画を経営トップに示すチャンスとなる。組織上下で双方向のコミュニケーションを深めることは予算編成プロセスでは極めて重要で、実行段階で好

影響をもたらすと同時に業績評価や人事評価の受容性に一つの基礎を提供する。

③ 予算は、業績管理や業績評価のフレームワークとして利用できる

予算と成果を比較することで 業績管理を総合的な視点で行うことができる。この機能は予算統制といわれ、きわめて一般化した業績管理手法となっている。予算体系が示すように、事業全般にわたる計画が金額で予算化され、それが日々実行に移され、月次に決算となる。求めるものは、「決算≧予算」という結果である。

損益予算書作成上の留意点

繰り返すことになるが、予算は決算と対比可能であってこそ、より有効なマネジメントツールとなる。特に、損益予算は重要で、内容は言うに及ばず様式に関しても次の様な点に留意し作成すべきである。

① 容易に業績状況が理解できるように、当月実績、予算、前年度実績（初年度は空白）

の３つを損益計算書のスタイルで対比できるように一覧性を持たせる。月次（単月）と期初からの累計（ＹＴＤ：year-to-date）の両者とも同様に比較一覧性を持たせ表示する。

②管理会計による、業績管理上の視点を重視する。つまり、収益とそのために費消したコストや経費に、出来るだけ因果関係を持たせるため、売上高と変動費を対比し限界利益（あるいは貢献利益）を表示できる様式にする。管理責任区分の見える化を図る工夫も望ましい。

③損益計算書では、設定された詳細な勘定科目を、大科目や意味のある管理上の科目にまとめる。例えば、保管料、荷役料、出荷運賃などを一括してまとめる、あるいは給料、賞与、残業手当、社会保険料、福利厚生費などをまとめそれぞれについて物流費、人件費と表示するなどである。

④予算は変動予算が望ましい。売上高の動きに連動して変動費も変化する予算である。こうすれば、変動費が増減しても当然起こるべき変動かどうかが分かり管理しやすい。

⑤年次および月次の損益分岐点（ＢＥＰ：Break-Even Point）の売上高を予算段階で算定・

表示する。年間の売上高は月次売上高の積み上げであるから、月次ベースでＢＥＰを超える売上高達成が求められる。売上高の季節変動を伴うビジネスの場合であっても、月次のＢＥＰ表示は改善の道しるべとなる。

新規事業に不可欠な月次決算

新規事業を始めたら毎月決算を行うべきである。しかし、実際には売上ばかりに関心が行き、一年後に確実にやってくる税務申告書の提出に迫られてから、慌てて誰か良い税理士を探して欲しいという話はよく

◎図表4-3　月次決算書は管理会計の視点で作成する

××月（当月）				YTD（累計）		
当月 実績	当月 予算	前年 同月		当期 実績	当期 予算	前年 同期
			売上高			
			変動費： 仕入商品原価 外注加工費 貢献利益Ⅰ			
			マーケティング費用 発送運賃 変動人件費 貢献利益Ⅱ			
			固定費： 人件費 家賃 減価償却費 その他 計			
			営業利益			

ある。聞いてみると売上高はほぼ掴んでいる。しかし利益は分からない。勘ではこんな感じかな？　雲をつかむような話になる。帳簿はないも同然だ。一人で始めたビジネスなら誰も文句は言わないが、現状が見えない中で、将来を語る姿に不安は一杯だ。

基本は、ビジネスを始めたら毎月業績をタイムリーに確認する。そのためには、適時に記帳し会計帳簿を作成しなければならない。

月次決算ができないと、会議も効果的に進まない。月次決算書の説明や討議を経てタイムリーに経営問題や経営課題等を明確にし、経営チームと明日の行動を検討・確認することにつなげたい。どのような起業家も月次決算を手にすれば、初めてマネジャーを経験することになる。気がついたときにはＰＤＣＡサイクルの中心にいる。月次の決算はその良き機会を与えてくれる。

起業家はイノベーターだと信じてきたかも知れないが、計画の意味を理解し、仲間を激励し、目標達成に向けて先頭に立つ自分を見るにつけ、マネジメントとしての学習がはじまっている自分自身に気付くことになる。

経数マネジメント

ビジネスモデルの構成要素には、収益モデルがなければならなかった。しかも事業のスタートアップまでに設計され用意されなければ、到着点を曖昧にしたまま走り出すことと同じである。第一期は、起業家にとって、未知ではあるが旺盛なエネルギーと情熱に溢れた期間であり、初期的事業基盤も形成され、ビジネスの将来が具体的に検証可能となる最も重要な期間である。初年度は、安定の時期ではなく挑戦の時期である。

「成功の秘訣は、目標を設定し逆算する。本を読む時は、初めから終わりへと読む。ビジネスの経営はそれとは逆だ。終わりからはじめて、そこへ到達するためにできる限りのことをする」（注3）。

創意工夫と努力により目標は必ず達成するという意思が大切だ。意思あるところ道ありと信じなければ達成は困難だろう。第一章で述べたように、業績の定義は「経営環境×創意工夫×情熱」であった。目標達成には、創意工夫というビジネスモデルの改善・

進化を常に探求していく努力は当然である。加えて、個々の社員の情緒的側面、モチベーションが業績に大きな影響を及ぼすという事実を理解しなければならない。この意味で、初年度におけるリーダーとしての創業者あるいは創業チームの役割は当期の業績と明日の事業を決定づけることになる。

第五章
キャッシュフロー・モデルの検証

Chapter 5

キャッシュフロー・モデルの検証

新規事業のリスクと資金調達

新規事業にとってキャッシュフローの予測は、思わぬ失敗を避ける鍵である。基礎研究に長期間を必要とする場合や大きな初期投資が必要な新規事業では、早い段階でキャッシュ不足に陥り、倒産に至る危機を米国では死の谷（The Valley of Death）と呼んだ。この谷に嵌ると二度と脱出できない。この谷を避けるには、ベンチャー・キャピタルを活用すべきことを経験を通して教えている。

日本においても同じ状況はおこる。ただ、日本では米国と資金調達の事情が全く異なる。日本にも、ベンチャー・キャピタリスト（Venture Capitalists）やエンジェル投資家（Angel Investors）は存在するが、ベンチャー企業や新規事業へ積極的に投資するという姿勢、環境、歴史は希薄だった。米国のように活発な活動は見られない。日本における起業家に対する資金の出し手の多くは、むしろ民間、政府系を問わず間接金融を行う金融機関であった。

ベンチャーや新規事業への投資は、事業の成功確率が非常に低い分野への投資となる。ハイリスク投資が前提となる。従って、起業資金ニーズは、株式資本（Equity Capital）による資金調達と相性がよい。なぜなら、投資家にとって、ハイリスクではあるが起業が成功した暁にはハイリターンが期待できる。起業家にとっても、返済不要で長期安定的な資本を確保できる。

しかし、日本では、特にベンチャーや新規事業に必要な起業資金を調達できる直接金融としての資本市場が、戦後歴史的に脆弱であったし現在も立ち遅れている。資金需要と供給のリスク・リターン関係がアンマッチという構図の中では、起業家にとって、現実的には間接金融に頼らざるを得ない状況である。

キャッシュフロー・モデルの改善

新規事業をスタートする場合の資金調達法は、第6章で詳述するが、ここではその前に、事業に必要な外部調達による資金負担を軽減するため、より健全なビジネスモデルを構想することで内部資金調達を試みるという新規事業が有する基本的な課題に関して検討する。

すなわち、外部調達の前になすべき自助努力による内部資金調達を思案することである。端的に言えば、ビジネスモデルに内包可能な強いキャッシュフロー・モデルを検討することであり、ビジネスそのものと不可分の一体となり、キャッシュを創出できるメカニズムを構想できないかということである。

ビジネスサイクルにおいて、可及的速やかにキャッシュを生み出す仕組みが望ましい。ビジネスを行うためにはどれ程の資金量が必要かという問いではなく、ビジネスからいくらの資金を生み出せるかという思考である。この事が先に検討されて、その後に必要な資金量を検討するという順序である。

この課題は、ビジネスの種類、取引条件、決済条件、商品やサービスの魅力度などビジネスモデルの設計に関わることである。

そもそも、新規事業においては損益モデルがそうであったように、キャッシュフローも十分検討され、その妥当性を検証し、ビジネスモデルとの整合性を図っておくべきものである。外部資金の調達前に行うべきことは、まず内部的に健全なキャッシュフロー・モデルの確立あるいは改善と取り組むことである。

営業活動によるキャッシュフロー

営業活動には、売上代金回収からの収入、仕入代金の支出、それに給料、家賃、広告費、その他経費の支払いなど、資金の収支が発生する。これらの資金は一般に「運転資金」といわれ、営業活動には不可欠の資金である。また、この資金調達は、一年以内に決済あるいは返済されるため、「短期資金」でもある。このような営業活動による入出金は全て、財務諸表の一つである、キャッシュフロー計算書の上では「営業活動によるキャッシュフロー」として、また貸借対照表において運転資金の借入残があれば「流動負債の部」に表示される。

また、事業活動では、車両、ＩＴ機器、備品、設備などが必要になる。この場合の資金は運転資金と対比して「設備資金」といわれ、投資額の回収が長期に及び、従って調達資金の返済も長期化（1年を超える）するため「長期資金」として調達することとなる。キャッシュフロー計算書では、「投資活動によるキャッシュフロー」として、また貸借対照表において設備資金の借入残があれば「固定負債の部」に表示される。

本章の目的は、新規事業において、この2つの資金状況がどのような影響を企業に及ぼすか検討し明らかにすることである。はじめに、運転資金の回収速度に焦点をあて、次に設備資金のキャッシュフローを検討する。

CCCとは何か

さて、ここで、営業キャッシュフローが一回転する期間（日数）をキャッシュ・コンバージョン・サイクル（Cash Conversion Cycle）あるいは略してＣＣＣと呼ぶ。「現金→（仕入活動）→買掛債務→在庫→（販売活動）→売掛債権→現金」というキャッシュの流れが一回転することである。これを算式で表すと、「ＣＣＣ＝売掛債権の回転日数＋在庫の回転日数－買掛債務の回転日数」となる。

ＣＣＣを算定する意味は、この３つの合計期間の長短を測定し、併せて各構成要素の回転期間の速度を知ることである。そのことによって、運転資本の改善すなわち資金の流動性を高め運転資本への投資効率を改善するという目的を達成しようとするものである。

ＣＣＣの速度を高めるには、算式により、①売掛債権を早期回収して縮小すること、②在庫を減少すること、③仕入債務の支払いを長期化すること、があげられる。

ただ、注意すべきは単に決済期間などを変更するという表面的な対応に終始することを示唆しているのではなく、営業の諸活動、すなわち調達、生産、販売に関わるサプライチェーンのプロセス変革に関わるものとして改善することである。

先行事例としてはデル・ダイレクト・モデル（Dell's Direct Model）（注1）が示すように、運転資金の劇的な創出も、強いビジネスモデルがあってのことだ。日本でも、一昔前のパナソニック社であるが、2000年前後に達成された事業再生の際、キャッシュ化速度の呼び名でCCCの改善を行い業績の回復・再生が図られたことがある。キャッシュ化速度という呼び方は、現金の回転速度、スピード感をイメージしやすいのでとても馴染みやすい用語である。

CCCの速度を算出する

CCCのイメージ図を示した図表5−1があ

◎図表5-1　ニトリ社のCCC

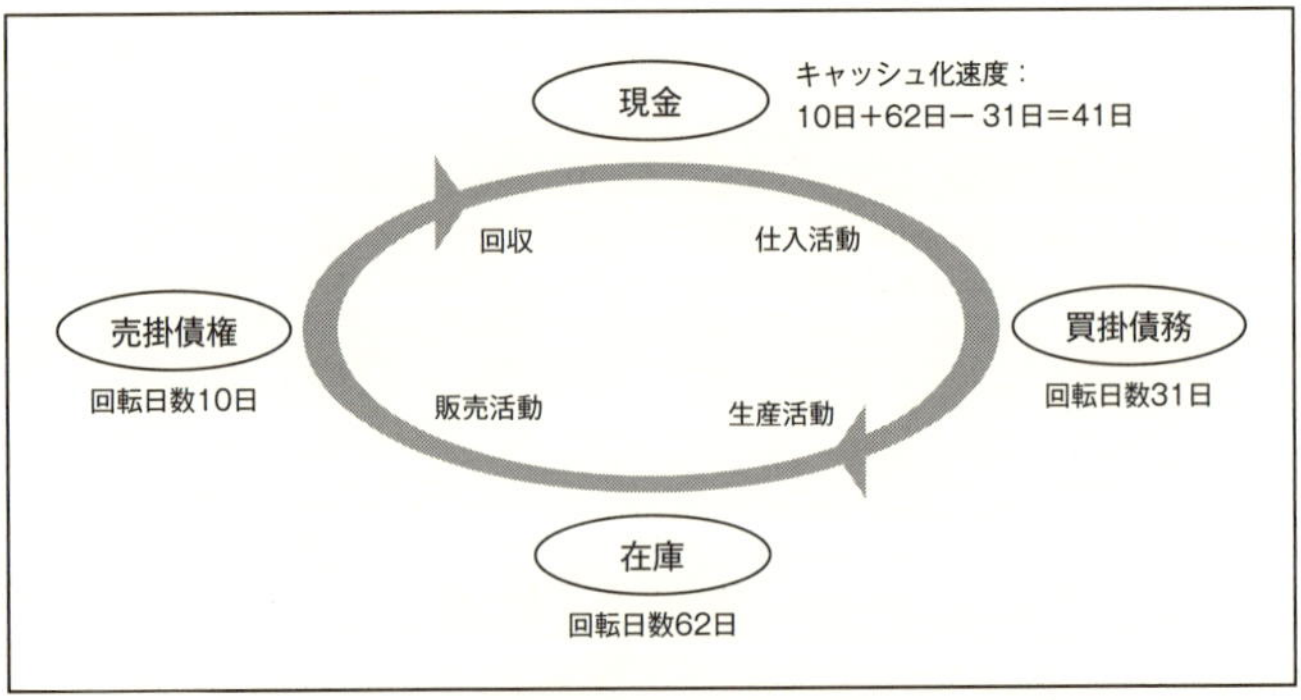

出典：H24／2期、ニトリ社の有価証券報告書を利用。資産・負債は期首と期末の平均残高を使用した。

る。ここでは家具のニトリの平成24年2月期の例を参考に計算している。

これをみると売掛債権は現金売上による影響で回転日数は10日と非常に速い回収であるが、在庫は手持ち在庫に加え東南アジアでの製造の影響もあり、回転期間は62日となっている。売掛債権や在庫を保持することは、運転資金の投資を意味する。

一方の、買掛債務の回転期間は31日である。買掛債務はサプライヤー等からの信用供与を意味し、同社にとっては運転資金を節減する効果がある。

売掛債権、在庫、買掛債務の３要素を合計すると、ＣＣＣは41日となる。この日数の長短に関しては後述するが、この期間が短くなれば、キャッシュ化速度が速まり資金効率はより高くなり、資金の調達量はその分削減される。反対に、この期間が長くなれば結果はその逆となるということである。

キャッシュフローの落とし穴

ビジネスモデルを設計する場合、支出が先行し、収入は後からついてくるのが当然であるというイメージ、思い込み（第一の仮説）がある。いわば支出先行型モデルあるいは支出と収入との時間差は所与とみなし疑わないことである。

しかしその一方で、売上拡大こそ重要で、売上高が伸びさえすればキャッシュフローの問題は起こらないとの予断（第二の仮説）をもつことがある。その理由は、仕入高に粗利が加わるため売上高の方が大きい金額となり、入金額が増えるため、多少の入出金のタイミング差はさして気にしないという考え方である。実は、これが盲点である。ビジネスモデルを構想する場合に、この二つの仮説の否定から入ることを検討すべきである。

さて、ごく小規模で個人的営業をはじめるなら、資金ニーズも小さくて済むだろうから、勘を働かせれば、容易に予測可能でキャッシュフローの舵取りもさして問題にならないかもしれない。

しかし、法人を設立し、本格的に事業成長を目指すなら、キャッシュフロー計画を策定しなくてはならない。誰しも、資金繰りの大切さは分かっているものの、実際の必要資金量と資金調達能力の差（ギャップ）が、予想以上に拡大するとは考えたくない。予想したとしても十分な事前対策を用意していない。

以下に述べる論点は、努力を傾注し、著しい成長を果たすほど資金が逼迫するという二律背反を予め理解し、その対策を用意することである。

新規事業ではキャッシュフローを見落とすと命取り

はじめに、モデル事例（図表5―2参照）をとおして、中期プランに必要な、急成長事業におけるキャッシュフローの動向を中心に追っていく。売上高が年々倍増するという成長意欲が高いベンチャー企業をイメージした。事例を出来るだけシンプルにするため次のような仮定を設けた。

【事例の仮定】
・資本金1円。
・支払は仕入れの1ヶ月後、入金も売上の1ヶ月後で在庫回転期間は平均3ヶ月。

◎図表5-2　急成長モデルにおける財務3表の相関性

		P/LおよびC/F項目					B/S項目		
	P/L	売上	売上原価	経費	税金	当期利益	在庫	借入金	利益剰余金
	C/F	売掛回収	買掛支払	経費支払	税金支払	ネット			
第1期	(P/L)	0	0	0	0	0			
	(B/S)						1000	1000	0
	(C/F)	0	△1000	0	0	△1000			
第2期	(P/L)	1500	△1000	△300	△100	100			
	(B/S)						2000	1900	100
	(C/F)	1500	△2000	△300	△100	△900			
第3期	(P/L)	3000	△2000	△600	△200	200			
	(B/S)						4000	3700	300
	(C/F)	3000	△4000	△600	△200	△1800			
第4期	(P/L)	6000	△4000	△1200	△400	400			
	(B/S)						8000	7300	700
	(C/F)	6000	△8000	△1200	△400	△3600			

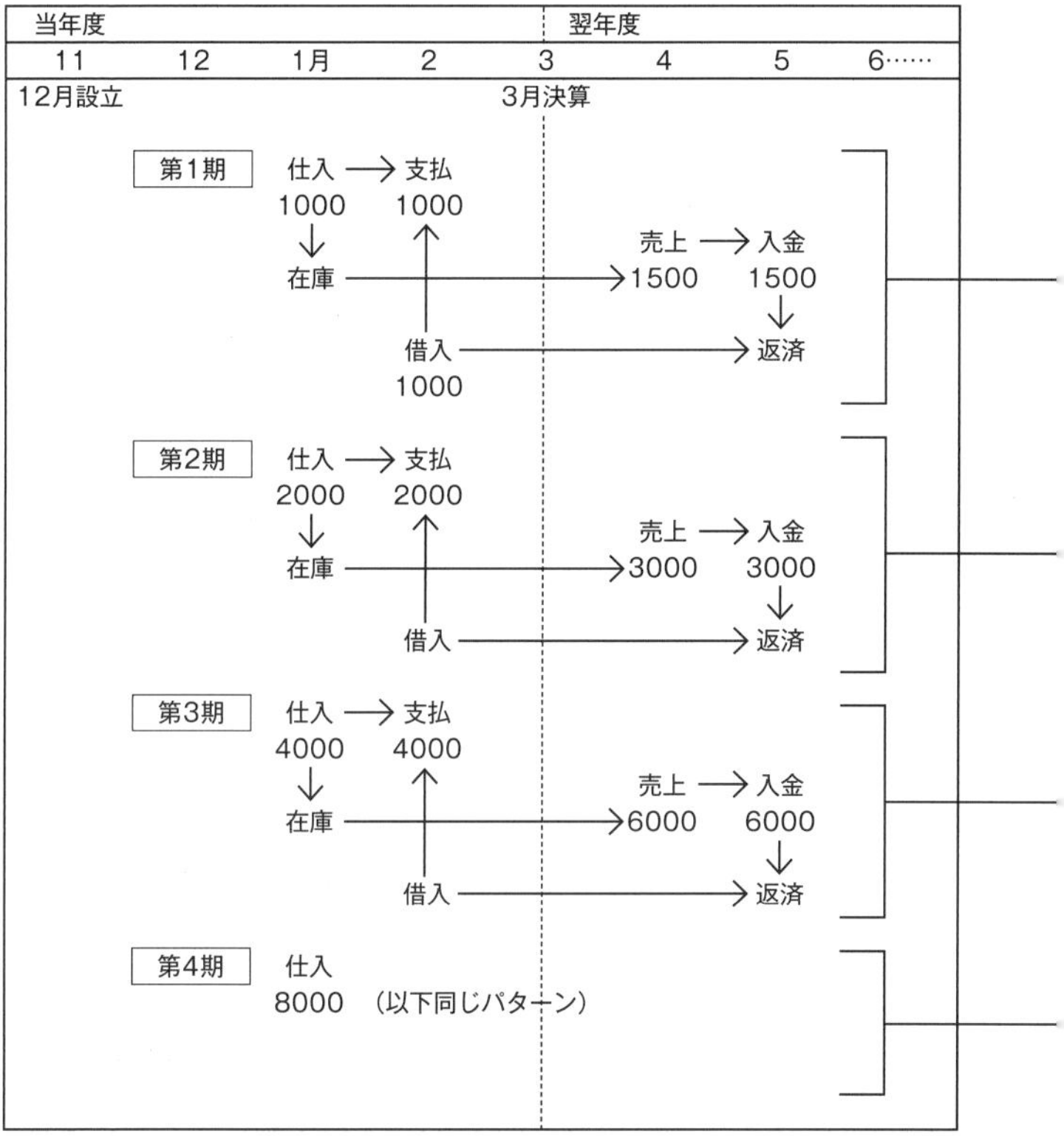

[仮定]

・資本金1円　・支払：仕入の1ヶ月後
・入金：売上の1ヶ月後
・在庫回転期間：3ヶ月　・粗利益率：33.3％
・経費は売上の20％
・税率は50％　・借入金：1年以内返済

・粗利益率33パーセント、経費は売上の20パーセント、税率は50パーセント。
・資金不足は借入金で行い、1年以内に返済。
・決算期は3月末で、取引のタイミングは毎年同時期。

当社の取引のストーリーを第1期から追ってみる。

【第1期】

・1月仕入１０００（単位は以下すべて省略）の買掛金は、仮定により2月に支払期日が到来するが、資金はないため（資本金1円）、借入金に頼ることになる。
・期末（3月末）には買掛金残高は既に支払済のためないがその代わり借入金が残り、在庫もそのまま残る。

【第2期】

・仮定により4月にこの在庫は売却され、その売掛金は5月に入金する。

・売上高の計上に伴って経費（売上の20パーセント）の発生と税金（利益の50パーセント）の支払いが伴う。

以上が仮定に基づく、営業活動のワンサイクルである。買掛金（1ヶ月）、在庫（3ヶ月）、売掛金（1ヶ月）に注目すれば、CCC（キャッシュ化速度）は3ヶ月となる。

ここで、決算期を3月末と仮定したことで仕入れの全額が期末在庫となったが、通常は仕入れ活動はより平均的であるし、売上も年間を通して計上されると考えられるのでこのように極端にはならない。

しかし、重要な点は、この仕入・売上の計上時期、決済時期あるいは決算期をどの時点に設定しようとも、ある瞬間における残高のピークを理解しなければならない。

在庫金額や借入金額の最大値は1年間のどの時期だろうか。要はその時が、キャッシュフローのピークを迎えるという事実こそが重要なのだ。財務担当者は、実際発生する信用枠の瞬間的最大値を把握しておく必要があるからだ。これは資金繰りに欠かせない必須事項である。

次に、財務３表の相関性（図表５―２右側参照）はどのようになっているか確認する。

【第１期】

まず、第１期のＰ／Ｌ（予測損益計算書）を見てみよう。仕入れを計上しただけなので、全く何もない白紙状態である。

次に、Ｂ／Ｓ（予測貸借対照表）はどうか。第１期の取引からは、在庫と借入金が計上されることになる。勿論仮定により資本金と相対する現金も１円ずつ計上されているが、ここでは小さいので無視することにする。

最後に、Ｃ／Ｆ（予測キャッシュフロー計算書）であるが、仕入資金の１０００が営業活動によるキャッシュフローとして支払われている（注２）ことが分かる。

【第２期】

第２期では、Ｐ／Ｌを見ると、売上が１５００計上されたため、相対する売上原価１０００、経費３００、税金１００、利益が１００が発生した。Ｂ／Ｓは、第２期仕入の在庫２０００とそのために必要な借入金１９００が計上されている。前期末の短期借入金１０００は３ヶ月後の当期中に返済された。当期には利益１００を獲得したことにより資金１００が内部留保されているので、新たな仕入資金の支払には内部留保を使い、不足分は借入金１９００で支払ったことになる。

次に、Ｃ／Ｆをみると、売掛金の回収１５００、買掛金の支払２０００、経費支払３００、税金支払１００、営業活動によるキャッシュフローはネットでマイナス９００の支払超過となった。

【第３期】

第３期以降も売上高および仕入高は、仮定により倍々ゲームで計上されるが、財務３表の動きは同様のパターンで変動するので以下説明は省略する。

資金繰り表の動き

仮定に基づく急成長モデルにおいて予測キャッシュフローは、営業上のキャッシュフローにのみ範囲を限定して、シンプル化した事例で資金の流れを説明した。しかし本来のキャッシュフロー計算書の様式に則り営業活動、投資活動、財務活動の3区分方式で作成される資金繰り表は以下（図表5—3）のとおりとなる。

◎図表5-3　予測キャッシュフロー計算書

	第1期	第2期	第3期	第4期
（営業収支）				
売掛金回収	0	1500	3000	6000
買掛金支払	1000	2000	4000	8000
経費	0	300	600	1200
税金		100	200	400
小計	1000	2400	4800	9600
営業キャッシュフロー	△1000	△900	△1800	△3600
（設備投資）				
投資等のキャッシュフロー	0	0	0	0
（財務収支）				
借入金実行	1000	1900	3700	7300
借入金返済	0	1000	1900	3700
財務キャッシュフロー	1000	900	1800	3600
現金の増減額	0	0	0	0
期首現金残高	1	1	1	1
期末現金残高	1	1	1	1
期末借入金残高	1000	1900	3700	7300

急成長モデルにおけるキャッシュフローの特徴

この急成長モデルでは、意図的に「在庫」に注意を集中させている。なぜなら、売掛金と買掛金のサイトは仮定により同じ長さとしており、発生年度に決済されており、期末貸借対照表には表れない。在庫と借入金だけが期末に残ることになる。

ここで注目すべき点は、この2つの項目であり、急成長モデルにおいては、その残高の急増が見て取れる。利益剰余金が現金として残ったとしても、在庫増の影響で借入金の額はうなぎ上りに増加している点である。第4期末では、売上高を6000計上するも、常に先行する仕入資金の支払増加により借入金は7300となっている。このモデルから、利益が毎年出ているにもかかわらず、なぜ売上高を超えてまで借入金が増えるのかが容易に分かる。ある瞬間における借入金残高の大きさに出くわして、想定外だということにならないよう資金繰り計画を慎重に作成する必要がある。

もし加えて、企業間信用の設計が甘い場合、すなわち売掛金の入金サイトより短いサイトの買掛金支払期間を設計すると仕入先からの受信額を超える得意先への与信額が一層大きくなるため、売上高の増加は売掛金の残高増となり、即座に資金負担を増大させることになろう。このように、急成長モデルから以下のことが確認できる。

①在庫を必要とする新規事業では、成長に加速がつくほど資金需要が旺盛となる。仮に利益が出ていても、必要資金量を満たすことはできない。その理由は、在庫資金の増加が顕著であるからだ。

②売掛金の入金サイトより短いサイトの買掛金の決済条件を設定すると、売上が増加するに伴って資金がますます逼迫することになる。

③急成長は、時として、手元在庫の陳腐化あるいは長期滞留品を生み出すことがある。売掛金に至っては口座獲得を急ぐあまり、その結果起こる回収不能あるいは支払遅延という事態はよく知られた現象だ。こうした場合、キャッシュフローは更に厳しくなり借入金の増加につながる。急成長には、在庫や顧客口座に不確実性やリスクが伴うということは経験的に分かる。これは、いわば成長に伴うコストであるが、成長に伴う一つのジレンマでもある。

④以上のことから、在庫の回転期間の予測および企業間信用（注3）の設計はよく検討した上で、ビジネスモデルを構想し資金計画を策定しなければならない。

さて、以上の観察から、適切な資金調達を適える財務戦略立案の必要性が理解できよう。また、図表5－4は運転資金の実際の支払額と入金額との差（ギャップ）を表したものである。このギャップは企業間信用の設計、債権回収状況、在庫状況など運転資金に影響を与える各種要因の動向から発生する。

◎図表5-4　売上急成長に伴うキャッシュフローのタイミング

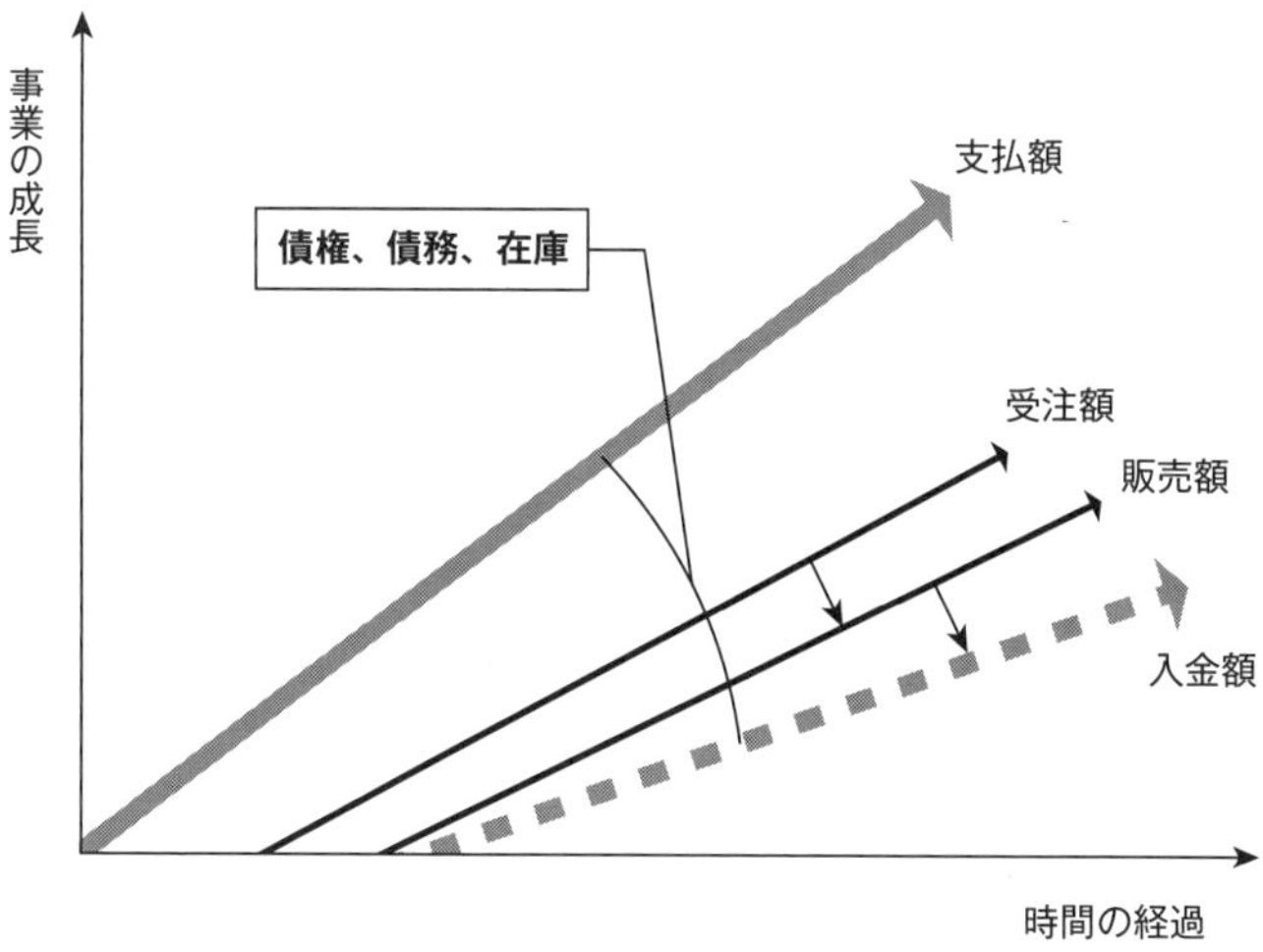

設備投資とキャッシュフロー

将来のキャッシュフロー予測には、これまで述べたような運転資金の予測に加えて設備投資資金の予測が必要である。設備資金は明らかに投資（支出）先行に始まり、リターンはかなり遅れてくる。一般に、回収は5年10年と長い年限を要する。従って、投資原資は、返済期限のない自己資本か長期にわたり返済可能な長期資金の調達が望ましい。

特に、製造系や製薬・バイオ技術のように基礎研究が最終製品に結びつくまでの年限が長く困難が予想される事業では、いわゆる「死の谷」を超えるための熟慮・政策と共に財務戦略が決定的に重要となる。

しかし、それほどでもなく、車両、ＩＴ機器、備品など事務的レベルの設備投資で済むサービス系なども多くある。勿論、このような場合にも慎重に資金繰り計画を立てる必要がある。

いずれにしても投資先行型ビジネスにおいては、投資回収に長期間を要し、期間利益

◎図表5-5　損益および投資回収のキャッシュフロー動向

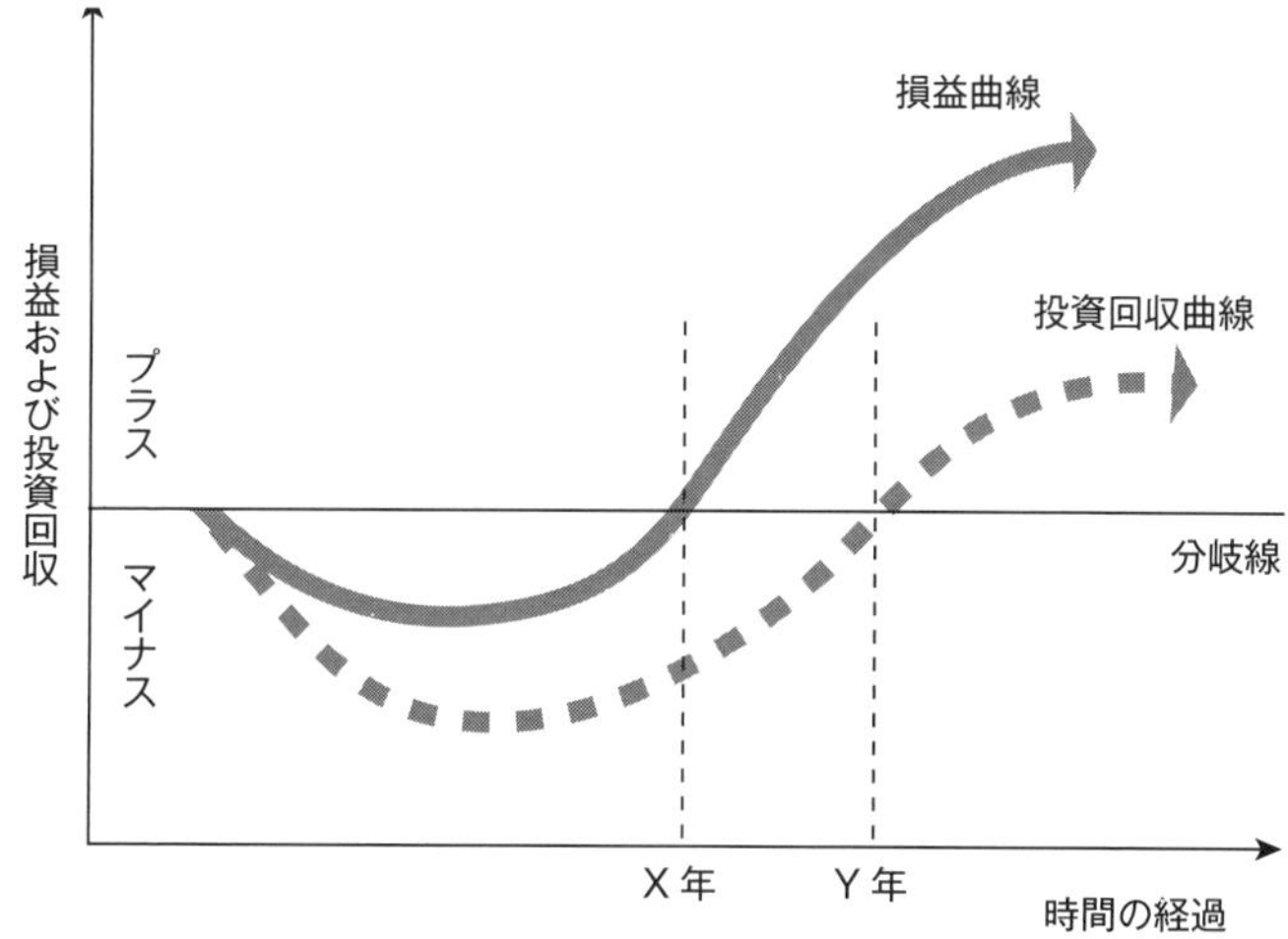

の黒字化より遅れることになる（図表5―5参照）。回収リスクが相対的に高い（Y年）と考えられる。しかし、事業の収益性は、予定どおり軌道にのせることができれば当初は赤字であっても、分岐点（X年）を超えるとやがて急速に黒字化が進むことが期待される。

手元流動性の確保

資金繰りは、一定期間における予想入金計画と予想出金計画から必要資金の理論値を算定することであるが、そのためには入出金のタイミングをマッチングさせる必要がある。

現実は、ある月は資金余剰であり別の月は資金不足という具合だ。通常は、年単位でのマッチングではなく、月単位に行う。旬や週単位ならもっと有効である。本来は日単位で行うべきで、そうすれば資金不足のときは、その数日だけ補えばよく、余剰ならその数日でより有利な運用機会が生まれる。

日単位の入出金管理はキャッシュ・マネジメントの基本である。しかし、日々のキャッシュ・マネジメントは、多様で柔軟な超短期金融市場が整備されていないとコスト効果は低くなる。しかし日々の資金繰りの大切さは、苦境にある企業の財務責任者の姿を思い浮かべれば分かる。デイリーベースに資金繰りを確認し、必要資金量を把握し、調達を円滑に実現しなければならない。

ここで、一般的に実務では、手元流動性という名の余裕資金量を経験的に売上高の一定程度確保しておくことが通例となっている。手元流動性は、突発的な支払、複数の金融機関を利用する都合上発生する資金のバラツキ、あるいはビジネスの変動からくる資金繰りの誤差などから生じる予想外の支出に備えるためのクッションともなる。資金繰りは、常に若干の余裕を持って計画すべきである。

事業スタイルの違いとキャッシュフロー

新規事業で発生する資金需要にはいくつかのパターンがある（図表5―6参照）。まずは成長意欲が高いベンチャー企業や先行投資型企業では、資金需要が旺盛（パターン1）で外部調達が必須であることはこれまで述べたとおりである。

しかし、反対に成長速度は遅いが保守的・安定的な成長を目指す企業もある。このよう

◎図表5-6　投資姿勢と資金需要のパターン

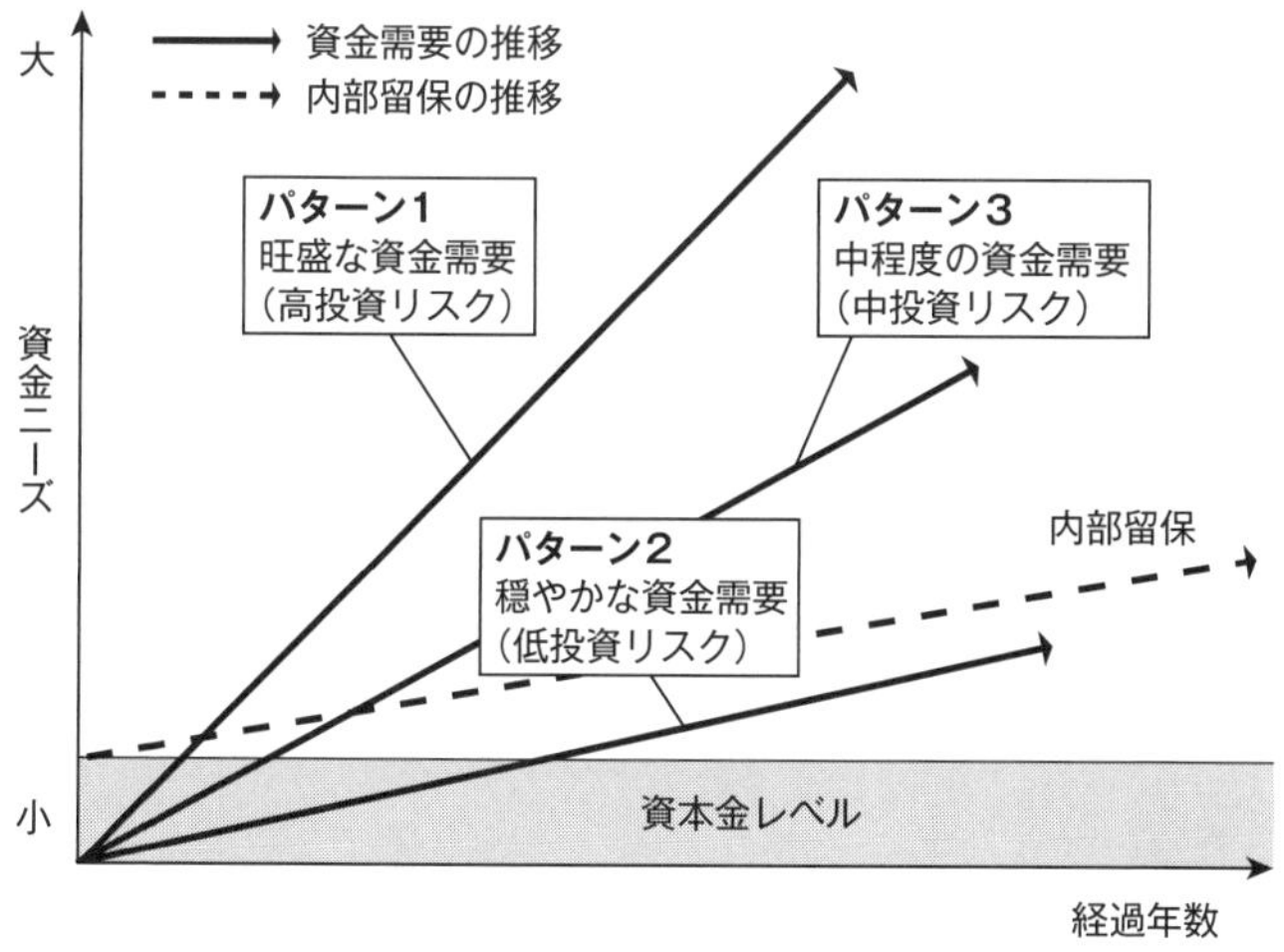

な企業の資金需要のパターンは一般に緩慢である。事業収益を上げつつ資金の内部留保すなわち自己金融（注4）を活用するタイプである。

自己金融の蓄積には時間的に長期を要する。大きな投資がなく投資先行型でもなく資本金と自己金融の範囲内で無借金経営を目指すタイプ（パターン2）である。

また、以上2つの間にある中間的資金需要（パターン3）の企業もあるだろう。新規事業を始める起業家は、キャッシュフローがいずれのパターンに該当するかをよく検討の上、ビジネスモデルに照らし合わせて事業計画をたてることが求められる。

挫折する企業のキャッシュフロー

新規事業には見通しできない予期せぬことが起こる。製品やサービスが想定以上にヒットし急成長することもある。反対に、スタート間もなく不振続きに陥ることもある。起業機会、商品・サービスの魅力、ニーズ、市場の変化、競合の出現など完全に見通すことなど不可能である。

◎図表5-7　事業成長と資金調達の財務戦略

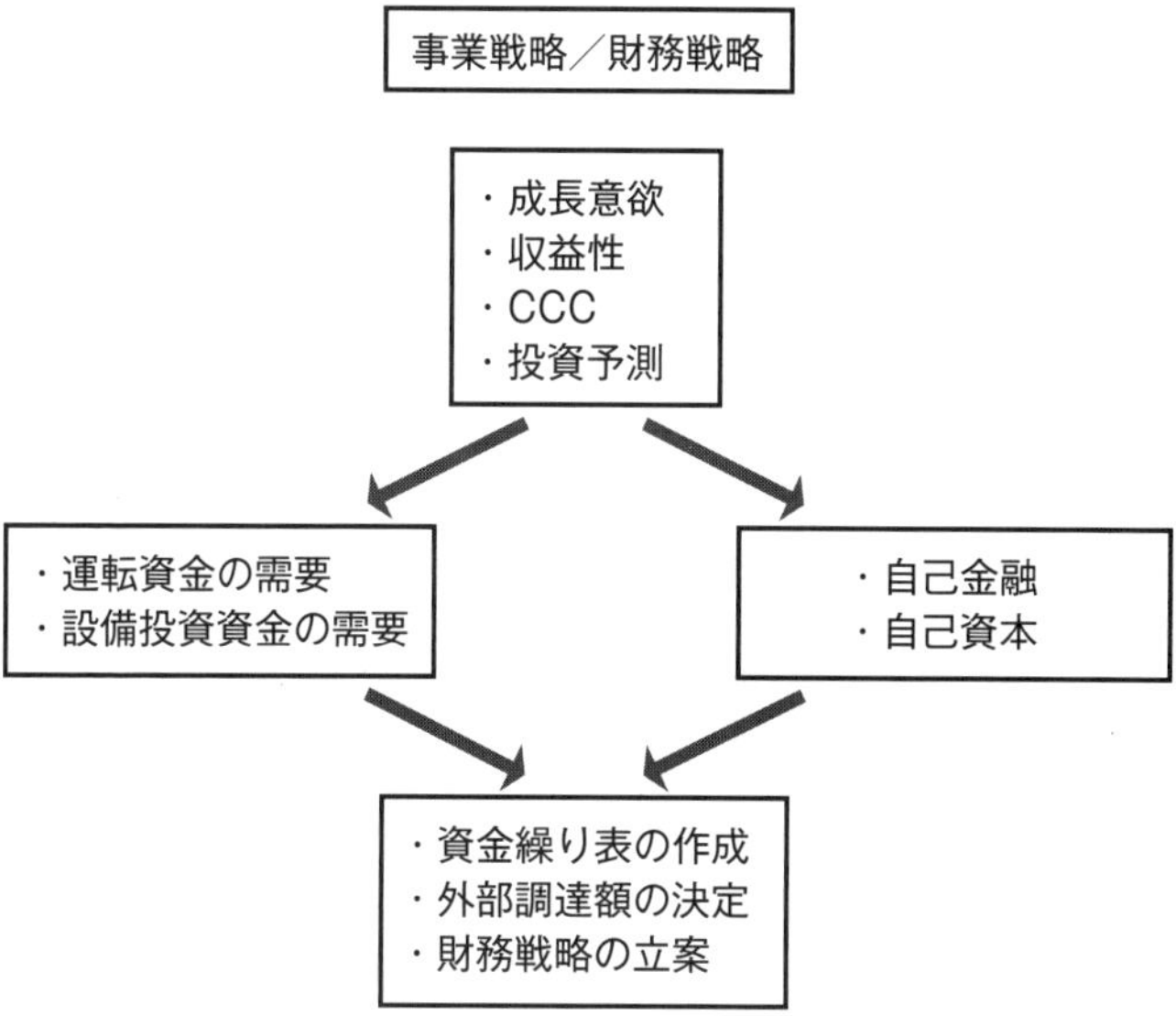

　しかし、厳密にいうと、これらのどの不確実性より資金ニーズを正確に当てることはより難しい。なぜならこれらの不確実性要因の総和がキャシュフローに投影されるからである。挫折する企業とは、今期や来期に利益が出ない企業ではなく、明日のキャッシュフローを見誤った企業、キャッシュ・マネジメントに失敗した企業をいう。

　キャッシュの源泉には、事業収益、資産売却、運転資本の3つがある。赤字決算は倒産の直接的原因ではない。新規事業にとって赤字は珍しいことではない。利益目標は、やや高めがいいとよくいわれるが、それは間違っていない。達成すべき努力目標だからである。低い目標では人間は真剣にならないし、達成できなくとも致命傷にならないからである。

しかるに、調達すべき必要資金の目標には許されない考え方である。必要資金を求めるには、利益目標とは逆に、入金は少なめに、出金は多めにという考え方が鉄則である。その結果、どれくらい足りず、あといくら調達すれば必要資金量を得られるかを図る。資金計画は事業の最悪事態を予想して準備することである。

予期せぬ急成長企業（パターン1）は、目覚ましい実績を上げても、資金需要に何らかの理由で追いつけず、倒産の危機が迫ると考えるべきである。予期せぬ急成長が悪いのではなく、想定外の必要キャッシュフローの準備に失敗したからである。

また、一方では予期せぬ業績不振が長期に渡り継続し挙句の果てに破綻することもある。これは資金マネジメントの失敗というより、問題の本質は事業マネジメントの失敗である。

ＣＣＣの改善は困難が付きもの

ＣＣＣの改善は既に述べたように、①売掛債権の早期回収を通して縮小すること、②在庫を減少させること、③仕入債務の支払いを長期化することであった。

しかし、現実のビジネスでは、このようなことが容易に達成できるとは思われない。顧客は、特段の理由もなく支払の早期化には応じないだろう。応じるためには、それだけの経済的便益の供与と平衡を図るのが通例である。むしろ、決済条件の主導権は顧客サイドにあると考える方が一般的である。在庫の減少に関しては、売上高が思うように伸びなければ回転率も上がらず簡単には減らないだろう。

では、買掛債務はどうか。商品等の調達金額の値下げも限界にきているサプライヤーも多く、やはり特段の理由がない限り支払サイトの長期化は資金繰りの悪化を招くため抵抗にあい容易には応じてもらえないだろう。ましてや、中小業者に対する支払に関しては下請法による法的制約（注5）があることも知らなければならない。

ＣＣＣの改善は、リスクと困難が付きまとうプロセスである。ではどうすればＣＣＣを改善できるだろうのか。

ＣＣＣの改善は経営改革である

第一に、売掛債権の回収早期化の方法に関してであるが、その基本を確認する。

①売掛債権（売掛金・受取手形）回収サイトの短縮化のための取引条件見直しを検討。

②債権管理の精度を高め支払遅延や貸倒れ発生確率を低減。

③売掛債権を流動化する財務手法。

まずはこのような基本的方法が考えられるが、この実現可能性から検討することになる。更に、より一歩進めて抜本的な解決方法を提案するには、やはり販売方法や販売条件の変更をもたらすようなビジネスモデルと一体化した販売・マーケティング方法の変革がなければならない。例えば、魅力的商品ラインの構築、ネット活用による早期の決済方法など、顧客に対して何らかの新しい価値を提供する仕組みを提案することで改善することが望ましい。ビジネスモデルに改善やイノベーションが誘発される時がそのチャンスであり、新規事業を始めるときがその最初の機会である。

第二に、在庫の回転期間の短縮化に関してはどうか。基本的アプローチとしては、①調達や発注プロセスの適正化、②調達先の統合化、共通化、③適正在庫水準の再検討、④生産効率の改善、⑤受注生産方式の導入などが考えられる。更には、販売予測や調達計画の失敗などに伴う過大在庫、滞留在庫などの対策には、マーケティングとの連携による在庫早期売却が必要だ。また、マーケティングにおける需要予測能力の改善・高度化などの業務改善も課題となる。例えばスーパー大手が導入したように、ベンチマークとしてトヨタのジャストインタイムの思想と方法で改善を進めた事例も参考となる。

三番目の、買掛債務であるが、可能な範囲で決済条件の見直しを行っても、より本質的にはサプライチェーンの改善なしには難しい。販売、生産、調達に関する一連のプロセスの改善に併せて、購買の合理化、集中化、輸入ユーザンスの活用などオペレーションの改善を通した仕入債務の支払期間長期化を提案することになる。仕入先とのＷＩＮ－ＷＩＮの関係をいかに構想するかだ。

いずれの場合にも、CCCの改善にはかなり本質的な経営改革、業務改善が必要なため、CCCの改善は短中期プランの戦略的目標として掲げることになる。

CCC改善の効果

CCCの改善は、業務改革との一体化の中で進める必要がある。また、ビジネスモデルの改善や変革と併せて実施することが期待された。CCCの改善が実現すれば次のような効果をもたらすと考えられる。

①資金は効率化、高速化され、より少ない投資資金でビジネスを遂行可能にする。その結果、効率的経営による収益増加と投下資産の圧縮が可能となりROA（総資本利益率）やROE（自己資本利益率）が向上する。

②営業キャッシュフローが増加するため、自己資金による事業活動がより可能となり、それだけ有利子負債依存を減らすことができる。その結果、金利負担の軽減、財務体質の強化（安全性の向上）が図れる。

③キャッシュフローの増大は企業価値向上に好影響がある。すなわち、CCCの改善は、一定程度の事業成長に必要とされる運転資本への投資額を低減させることを意味する。換言すれば、それだけフリー・キャッシュフローを増加させ、企業価値を高める効果があると考えられる。

ROEを高める鍵はCCCにある

ROE（Return on Equity）とは何か。株主の投下資8が最終的にいくらの利益を計上したかをみる総合的な収益性指標の一つである。この指標を戦略目標として中期プラン等に掲げる企業も多い。

このROEの意味するところは、算式を図表5−8のように分解すると分かりやすい。この分解式から、ROEは、売上高純利益率、総資本回転率、財務レバレッジの3要素から構成されていることが分かる。

はじめの売上高純利益率は、売上高に対する最終的な純利益の割合であり、商品、サービスあるいは事業全体の収益性が分かる。

2つ目の、総資本回転率は、総資本が年何回転しているか、総資本の効率性が分かる指標である。

3つ目は、分子が他人資本（負債のこと）と自己資本の合計であり、これを自己資本で除した値である。つまり負債に対する依存の程度を示すため、財務安全性が分かる。

さて、再び総資本回転率に注目したい。「総資本＝負債＋自己資本」であるが、「総資本＝総資産」でもある。

総資本は、資金の調達サイドからの視点であり、総資産は、資金の投資サイドの視点でもある。主として、前者は負債のレバレッジ効

◎図表5-8　ROEの分解とその意味

$$\mathrm{ROE} = \text{当期純利益} \div \text{自己資本} \times 100\%$$

$$= \frac{\text{当期純利益}}{\text{売上高}} \times \frac{\text{売上高}}{\text{自己資本}} \times 100\%$$

$$= \frac{\text{当期純利益}}{\text{売上高}} \times \frac{\text{売上高}}{\text{総資本}} \times \frac{\text{総資本}}{\text{自己資本}} \times 100\%$$

（売上高純利益率）（総資本回転率）（財務レバレッジ）

収益性　**効率性**　**安全性**

果（注6）の状況を見るが、後者は資産への投下資本の効率を見るのに適している。

総資産の主な構成項目には、売掛債権、在庫、設備などがある。いわば、売掛債権、在庫、設備など個々の投資効率の総和としての総資産の回転率が計算されているのである。諸資産への各々の投資効率の善し悪しが全体としてＲＯＥを決定する要因となる。

ここで営業キャッシュフローとの関連性に注目すれば、その中核にある営業債権・債務及び在庫に関わるＣＣＣの改善は、ＲＯＥの向上に直接関連性があることが分かる。

世界主要企業のＣＣＣ比較

先に例示したように（図表5―1）、ニトリ社のＣＣＣは41日であった。これを他の代表的大手企業の任意の29社、そのうち小売業9社（図表5―9）と比較すると、一見かなり長いことが分かる。しかし内容を3要素別にみると、売掛債権の回転日数（10日）はほとんど平均並みであるが、在庫回転日数（62日）はかなり短いようだ。なぜなら、ニトリはＳＰＡ（Speciality Store Retailer of Private Label Apparel）といわれる製造小売業の形態をとっている。アパレル業界のファーストリテイリング、ＺＡＲＡ、ＧＡＰなどと同じであり、このビジネスモデルの小売業は商品企画から製造、販売までを垂直統合させ、サプライチェーンのムダの改善、消費者ニーズへの迅速な対応や商品企画、そしてブランド力向上などに有効なビジネスモデルといわれている。この点で、デパートや量販店などより在庫負担は大きくなるが、他のＳＰＡと比較すれば、むしろニトリ社の在庫回転は速い。

それでは3番目の要素である、買掛金の回転日数はどうだろうか。明らかにニトリの回転日数（31日）は短い。他の小売業を含む任意の29社の中でも、最も仕入代金の支払いが速くなっているということだ。このことが、結果としてニトリのＣＣＣを長くする原因になっていることが分かる。もう一つ言えることは、日本企業全体としても、外国企業と比べ支払速度が速いという特徴がみられるように思われる。

また、図表5－9で分かることだが、ＣＣＣが短い上位5社はマイナス日数となっておりすべて外国企業である。上位7社までを見ると、ＩＢＭに続きイオン（0.5日）が入る。概観するに、これらの7社とも、買掛債務の回転日数が相当長いことが注目される。反

◎図表5-9　世界主要企業におけるCCCの状況

（単位：日数）

決算年	会社名	売掛金回転日数	棚卸商品回転日数	買掛金回転日数	CCC
2011	Dell Inc	38.5	9.5	82.3	△ 34.3
2011	IBM Corp	38.2	16.7	54.8	0.1
2011	Samsung Electronics Co	53.4	51.2	60.2	44.4
2011	General Electric Co	75.4	73.7	87.7	61.4
2012	富士通	73.6	37.7	69.8	41.5
2012	パナソニック	48.2	51.7	53.0	46.9
2012	日立製作所	88.5	70.9	66.5	92.9
2011	Procter & Gamble Co	27.7	66.1	71.8	22.0
2012	花王	42.9	83.9	76.9	49.9
2011	コカコーラ	38.6	62.0	180.5	△ 79.9
2011	サントリーホールディングス	50.6	69.8	33.2	87.2
2011	キリンホールディングス	71.6	57.8	44.0	85.4
2011	Caterpillar Inc	65.4	121.8	68.4	118.8
2012	コマツ	103.1	155.1	69.3	188.9
2011	Wal - mart Stores Inc	4.4	42.0	38.8	7.6
2011	Sears Holdings Corp	6.2	99.1	34.3	71.0
2012	Marks and Spencer Group	9.3	40.3	85.6	△ 36.0
2011	ZARA (INDITEX GROUP)	14.1	83.1	174.2	△ 77.0
2011	THE GAP INC	0.0	63.6	42.0	21.6
2012	イオン	33.1	36.7	69.3	0.5
2012	セブン&アイ ホールディングス	24.6	18.0	37.5	5.1
2012	三越伊勢丹ホールディングス	31.2	22.9	45.7	8.4
2012	ファーストリティリング	7.8	79.7	57.3	30.2
2011	General Mortors Co	24.4	40.1	68.6	△ 4.1
2011	HYUNDAI MOTOR CO	18.0	38.7	41.3	15.4
2012	日産自動車	31.8	47.8	64.7	14.9
2012	トヨタ自動車	41.7	37.5	51.8	27.4
2011	Pfizer Inc	73.7	188.0	92.8	168.9
2012	武田薬品	83.4	164.3	85.9	161.8

（計29社）

1. 決算年は、その年に終了した決算期末日の属する年度のことである。
2. 売掛金回転日数は期末時点の残高と売上高を使い、棚卸資産及び買掛金の回転日数は、期末時点の残高と売上原価を使用しそれぞれ計算している。なお、金額はアニュアルレポートに表示された科目名から一部類推して利用している。

対に、ＣＣＣが長い企業上位５社を見ると、共通して分かることは在庫の回転期間が突出して長いことが原因となっており、重機や製薬業という業種の特徴にあると思われる。また、売掛金に関しては、日本企業の回収期間は、外国企業に比しおしなべて長いことが分かる。

　このように、ＣＣＣを観察すると、きわめて限られた企業数の比較ではあるが、キャッシュフロー経営の一端が読み取れる。ただし、ＣＣＣは業種により、かなり違いがあるので単純比較はできない。自社に近い同業者との比較や自社の現状を趨勢として比較する方法がより有益と考えられる。

第六章

新規事業の財務戦略

Chapter 6

新規事業の財務戦略

財務戦略は事業の成長段階により異なる

事業には成長のＳ字カーブがあり、成長段階毎に異なる経営課題が存在した。同じように、資金調達も、Ｓ字カーブに沿った成長段階により、資金調達法に違いが生じるため、これに対応した財務戦略が必要となる。

コトラーは、資金調達のマーケティング視点から、「企業の資本調達手段の選択に唯一最大の影響を与えるのは、その企業のライフサイクルにおける発展の程度、または段階である」（注1）と述べている。

この視点は日本においても基本的に同様である。ただし、米国と比し直接金融市場の成熟度が低いためとりわけ創業期における資金調達では間接金融の果たす役割が相対的に大きいという特徴は顕著である。以下は新規事業のライフサイクルに照らして概観していくことにする。

創業初めの資金調達は大抵自分の預貯金などをかき集めることから始まる。事業の始まりは不安や非常に高い事業リスクを抱えているが故に、金融面でのリスクを低く抑えるため、返済期限や利息のない自己資本（株式資本）が欲しい。

起業家サイドにとって、借入金での投資は失敗時の危険性が高い。銀行サイドも、分からない相手には融資（貸付金）は避けたい。本来は、自己資本の形が望ましいのであるが、日本では外部からの資本調達の道は極めて限られている。

創業間もない時期は、エンゼル投資家（Engel Investor）などが頼りとなるが、投資する側にとっては配当やその投資の売却によって短期間に資金回収することは不可能である。投資家は、最初の数年間、全てを棒に振る覚悟、リスクを抱えての投資となる。また、日本ではエンゼル投資家の数は少なく、宝くじを当てるような気持ちで探さないと上手く出会えない。

スタートアップ期を過ぎアーリーステージ以降に入ればベンチャーキャピタルも視線を向けてくる。初めの最も高い事業リスクがやや低下し、将来に向けた発展シナリオが多少見えるようになると触手を伸ばしてくる。ベンチャーキャピタルを導入すると、資金調達に留まらず広範な経営的支援を受けることも可能だ。

しかし、日本の実情では、エンゼルファンドやベンチャーキャピタルを利用できる起業家は未だ非常に限定的である。また、一般の銀行借り入れも難しいとなると、アーリーステージの谷間を埋めるには、公的融資や公的保証を受けた形での制度融資などに頼るのが日本の特徴である。

数年後に拡大期あるいはその後に続く成長期を迎えることができれば、銀行借入金であるデット（有利子負債）の調達も進むだろう。銀行は、過去数年の業績が分かり相手を理解すると、リスクは相当軽減されるため、融資に応じる姿勢に転換する。

成長期に、早期の株式公開（ＩＰＯ：Initial Public Offering）を達成すれば、銀行の融資姿勢には一層弾みがつく。

成長期には、ある企業は、経営姿勢も強気となりレバレッジ効果（注2）を期待し、デットの活用を積極的に進め一層の業容拡大を目指すこともある。ＩＰＯを果たした企業への融資には銀行も対応しやすい。また投資家も株式市場をとおして容易に投資回収が可能となるし、タイムリーな情報開示によりリスク評価も容易になるので、資本市場の活用は財務戦略に大きな好機をもたらす。企業にとってデット（有利子負債）あるいはエクイティ（株式資本）に関わらず資金調達力はＩＰＯ以前に比べ格段に向上することになる。

やがて成熟・安定期に入る。あるいは気がつくと踊り場（注3）で佇んでいるかもしれない。しかしこの時期には一度成長を経験しているため、多様な財務戦略が考えられる。

ＲＯＥの向上を図り、膨らんだ資産、負債があればバランスシートをスリム化し、財務体質に問題があれば最適資本構成を見直し、あるいは無借金化を目指す財務戦略もありうる。事業

◎図表6-1　成長段階別の代表的な資金調達

事業のスタートアップ期	拡大・成長期	成熟・安定期
・創業者（Founder）の自己資金	・ベンチャーキャピタル	・一般公募増資
・家族・友人からの資金	・銀行借入	・社債、転換社債
・エンゼル資金	・私募債発行	・銀行借入（多様な金融商品）
・日本政策金融公庫	・IPOによる公募	・メザニンファイナンス
・信用保証協会		

（注）この表では、成長期の後半にIPOを達成すると仮定している

の多角化やＭ＆Ａ戦略を図ることも多い。成熟期に至れば、既に資金調達の方法は広く用意されており、選択の多様性は高い。当然のことであるが、衰退期あるいは事業不振に陥ることになれば「選択と集中」や「事業再構築」などの経営課題が論議され財務戦略はまた異った方向に進むことになるだろう。

小さなスタートアップ

新規事業を始めるための開業資金は２００８年時点の調査では平均１２５３万円である。開業資金は、創業者（Founder）の預貯金、家族（Family）そして友人・知人（Friends）、いわゆる３Ｆから集めた資金が全体の46パーセント（注４）を占め最も多い。

仲間と共同で始める場合は出資額も分担できるが、オーナーが複数となる場合、誰がその企業のトップ（ＣＥＯ）であるかを明確にしておかなければならない。株式の持分比率も参加の程度に応じて定めるべきである。これを軽んじては、後々にトラブルの原因となる。

少ない資金で始める方法として、フランチャイズ・ビジネスに参加するのもよい。僅かな加入金があれば、フランチャイザーは仕入代金を始め事業資金を融通することも珍しくない。事業経験がなくとも、フランチャイズ・チェーンに加入し、フランチャイジーとなれば、その事業に関わる必要なブランド、店づくり、仕入・販売のノウハウや手続き、運営法、契約によっては給与や諸経費の支払等々会計業務に至るまで経営管理一式をフランチャイズ・パッケージとして利用できる場合もある。フランンチャイズビジネスは、事業リスクの軽減には有効であるため、事前によく実態調査し、契約が希望条件に合致できることを確認すべきである。

新規事業は初めてのことが多く、顧客の獲得には予想以上の時間を要することになる。不要な出費は可能な限り縮減しないと、収支のバランスが崩れ、スタートでつまずくことになる。

売上高は相手の意思決定に多く依存するが、経費の発生は自分の意思決定に多くを依存する。スタート時からの不確実なトンネルを抜け出すまでは、徹底した知恵を出し出費等を抑える内部努力の創意工夫が必要だ。これはブートストラッピング

◎図表6-2　ブートストラッピングの参考事例

【製品開発に関するブートストラッピング】

・ライセンス料やロイヤリティの前払いを受けること
・将来の売上代金の前払いを受けること
・生産・開発設備などの利用が出来るような特別契約
・得意先に研究開発費を負担してもらう契約
・得意先の支援で共同して製品開発をする
・機械・器具・事務所など土日夜などに無料または低価格で利用

【事業運営上のブートストラッピング】

・創業者等の給与棚上げまたは減免
・自己の預貯金利用
・自宅においての作業
・好意による通常家賃よりかなり安い物件
・個人のクレジットカードの利用

【最少資本で賄うブートストラッピング】

・新品の器具、備品、車両などはやめ中古で代替する
・正社員の雇用は避け有期雇用やパート社員とする
・機器、車両、事務所など他社との共同使用の可能性を検討する
・可能な限り物件購入をやめリース契約に代替する
・売上代金の請求事務は最速で行う
・物品購入は支払日の長い業者を選択する。
・はじめは市場価格より低賃金に同意する友人知人の関係者等を探す
・個人所有のPC、什器、事務用品、車輌などを活用

(注) M. V. Osnabrugge & R. J. Robinson, Angel Investing, pp.24-30を参照、著者が選択・修正して利用。

（Bootstrapping）といわれる方法であり、知恵を生かせるかが勝負となる。参考までに一部を紹介しておきたい（図表6－2）。

アライアンスの関係構築

事業を開始したら、売上を早期に上げること、経費を可能な限り節減することが望まれる。アライアンスはそのための一方法であり、ブートストラッピングに近似する考え方である。

米国のソフトウエア業界における調査によれば（注5）、起業早期の段階でビジネスアライアンスを締結した会社が77パーセントを占め、これらの会社の成功確率（71パーセント）は、アライアンスを組んでいない他の全社平均（46パーセント）よりも高いという結果であった。

また、アライアンスを組んだ多くの起業家は、早期の段階の成功にはアライアンスが「極めて重要」あるいは「重要」であると評価していた。実際、アライアンスを組む理由は多く、さまざまだ。市場参入、販売・マーケティングチャネルの獲得、顧客リストの入手、足りない経営資源の獲得、製品開発、事業参入への時間節約、地理的な拡大、顧客信用力の補完、経験不足の補完、スケールメリットの享受、専門分野に関する知識不足の解決などがあげられる。

アライアンス相手を探すには、友人、会計士、税理士、弁護士、コンサルタントなどの協力を得るとか、取引銀行による紹介や関連するビジネス・ショーに出向くなどして掘り起こすことが通例である。新規事業を目指す者は、日頃から心掛け、こうしたプロフェッショナルから計画段階、しかも早い時期から種々アドバイス等を得ておくことはその後の展開を有利に進めることができるので非常に重要である。

スタートアップ期の外部資金調達

新規事業のスタートで、必要資金を銀行借入金で調達するには無理がある。銀行にとって、貸付は与信で、その企業に信用がないと難しい。事業の実績はない、創業者の能力

◎図表6-3　スタートアップ期の資金調達

資金の調達源泉	特徴
1. 立上げ資金（3F）	
・創業者の自己資金で出資	・自分が経営責任を持つ覚悟
・パートナー役員の出資	・共同パートナーの信頼性、役割分担
・家族や友人からの出資・借入金	
2. エクイティによる調達	
・エンゼルファンド	・説得力ある事業計画書の作成
・シードファンド	・事業目的の明確化
・クラウドファンディング	・経営参加の有無
・ベンチャーキャピタル	・一定のガバナンス
3. 借入金による調達	
・日本政策金融公庫	・説得力ある事業計画書の作成
・制度融資（信用保証協会利用）	・融資目的や融資条件との適合性
・地銀、信用金庫等からの借入金	・担保力の検証
・各種の補助金	・補助目的との整合性
・その他	

（注）新規事業でも、本社の戦略の一環で立ち上げる場合には本社から投融資が期待できるので通常、資金調達の問題は生じない。

は不明、財産もない、あるのは本人の夢だけである。従って銀行は融資をしたがらない。融資に応じるためには銀行は担保を要求する。新規事業はリスクの塊である。

この初期的状況と投資目的を合致させるにはリスクマネーの出し手を探す必要がある。米国では未公開株式への投資ファンドである、プライベート・エクイティ・ファンド（注6）(Private Equity Fund) の一種である、エンゼルファンドやベンチャーキャピタルが積極的な役割を果たす。創業初期の段階で比較的小口の資金ならエンゼルファンド、創業後でも比較的大口ならベンチャーキャピタルなどを活用する。これらは現在、新たなリスク資金供給の担い手となり、銀行に次ぐ社会的な役割を担っている。

彼らは、事業家の夢にかけるハイリスク・ハイリターン投資家である。通常、投資のポートフォリオ全体で収益を得る。一つの投資に失敗してもそれは確率計算予想の範囲内と考えられる。

このように、スタートアップ期の資金調達は、リスクマネーを提供するエクイティ・ファンドと相性が良いが、日本では起業家向けの直接金融市場が未成熟なため、間接金融とりわけ公的融資に頼らなければならない。日本では、起業家のための資本市場の後進性は新規事業にとって一つのしかも最大の障害と考えられる。更に言えば、起業家が間接金融でビジネスを興し、万一失敗（それは法則といわれる）すれば再起は難しい。リスクマネーと違い借金が残るからである。本来、失敗は貴重な無形資産に転換すべき経験であるが、それが失われ、再チャレンジ困難となる。

エンゼル投資家

エンゼルは本来、過去において自身の事業で成功をおさめた結果、余裕資金を貯めた個人が自己のリスクと判断で、起業家やベンチャー企業などにリスクマネーを提供する投資家のことである。

過去に個人的成功体験のある明るい分野に投資するため、目利き上手で、的確なアドバイス能力も高い。新規事業がもつ問題点も熟知しているため、ビジネスモデルや事業計画の修正・強化に積極的に参加する。未だビジネスの先がよく見極めできないスタートアップ期に、比較的小さな投資金額（米国では通常2.5万～25万ドル程度）（注7）での投資をする。事業に関する豊富な知識・経験があるため、初期段階での非常にリスキーな投資ではあるが、結果として成功確率が予想より高くなるという強みがある。

コトラーによれば、エンゼルは、投資に対する動きが早く、デューデリ（注8）も1ヶ月以内で済ませ、投資対象にも比較的柔軟である。

また、エンゼルにもさまざまなタイプがあると述べている。経営には関与しないで投資を趣味にするタイプ。反対に、比較的多額の投資をして取締役の要求など経営にも深く関与するタイプ。医学・会計・法律などの専門知識を生かせる企業に投資するタイプ。コミュニティの発展をめざして資金を集める非営利組織と投資家の橋渡しをするタイプ。エンゼルが同盟をつくり、より巨大化、より専門化し、特定の事業に投資をするタイプなどがある(注9)。

欧米では多数のエンゼルが活動しているにもかかわらず、日本では低調といえる。事業に成功し富を得て、それを将来期待できる起業家に再投資し育成しようという人物も確かにいる。しかし、残念ながらエンゼル数は非常に少なく、その背景として富を次代の起業家や若者に再投資したり社会還元しようとする社会観、経済観、慣習などの希薄さ、税制の問題など根は深く、より根本的な政策対応等が必要と思われる。

非常に活発な米国のエンゼル

米国では、スタートアップ期およびアーリー期における、エンゼルファンドとベンチャーキャピタルが二大エクイティファンドである。また、エンゼルファンドに関する正確な統計が少ないようであるが、エンゼル数は少なくみても25万人（注10）はおり、エンゼルの投資は、ベンチャーキャピタルより投資金額で3.5倍多く、投資した起業家数で30～40倍も多い（注11）。エンゼルファンドこそ、最大のエクイティファンドとなっており、米国での起業やベンチャーは、実質的にエンゼルの資本提供で成り立っているというわけだ。

この背景には、１９９０年代の好況によって記録的な数の裕福な投資家が生まれ、彼らがエンゼルとなっていることがあげられる。このように米国では、新規事業の立ち上げには欠かせないごく普通の資金調達手段となっている。インターネットのホームページで、起業家とエンゼル投資家あるいはベンチャーキャピタリストとを橋渡しするサイトもあり、アクセスすればその概要や資金の申請方法を簡単に知ることができる。

ちなみに、英国をみると、２００９年NESTA（注12）によれば、エンゼル数は４千～6千あると推定され、年間投資額１４・2億ドルであり、経済不況の中においても高い収益を上げその数は増加している。これとの比較において、人口が英国の５倍ある米国では、２００７年の数字ではあるが、エンゼル数は25万で、新規ベンチャーのほぼ５万社に対して投資総額２６０億ドルとある。米国の国民１人当たりのエンゼル投資額は英国の約3.5倍も高いと推定される。積極的な英国にもまして、米国でのエンゼル投資の活発さが分かるというものだ。

シードファンド

シードファンド（Seed Fund）は、シードマネーともいわれ、事業の初めにかかる費用をサポートする小口投資の呼び方である。創業に必要な会社設立費用や人件費は最低限必要だが、加えて、ビジネスプラン作り、マーケティング調査、試作品製作の費用などに使われる。

シード（種）が意味するところは、きわめて早期の段階における投資であり、そのビジネスが稼働するまでとか、さらなる投資としてベンチャーキャピタル参入までをつなぐ期間をサポートする。シードファンドは、友人・家族からの出資、エンゼルファンド、クラウドファンドなども含む概念と考えられる。

米国では、非常に多くの人々が５万ドル以下で起業しており、これに適したファンドである。米国の最近の傾向は数多くの起業家、特に初期投資が少なくて済むＩＴ事業への投資が増加しているため、平均投資額は小口化の傾向にある。従って、シードファンドはベンチャーキャピタルとは区別すべきである。

ベンチャーキャピタルは、一般に投資金額も大きく、説明責任を伴う第三者間取引

◎図表6-4　Startup Financing Cycle

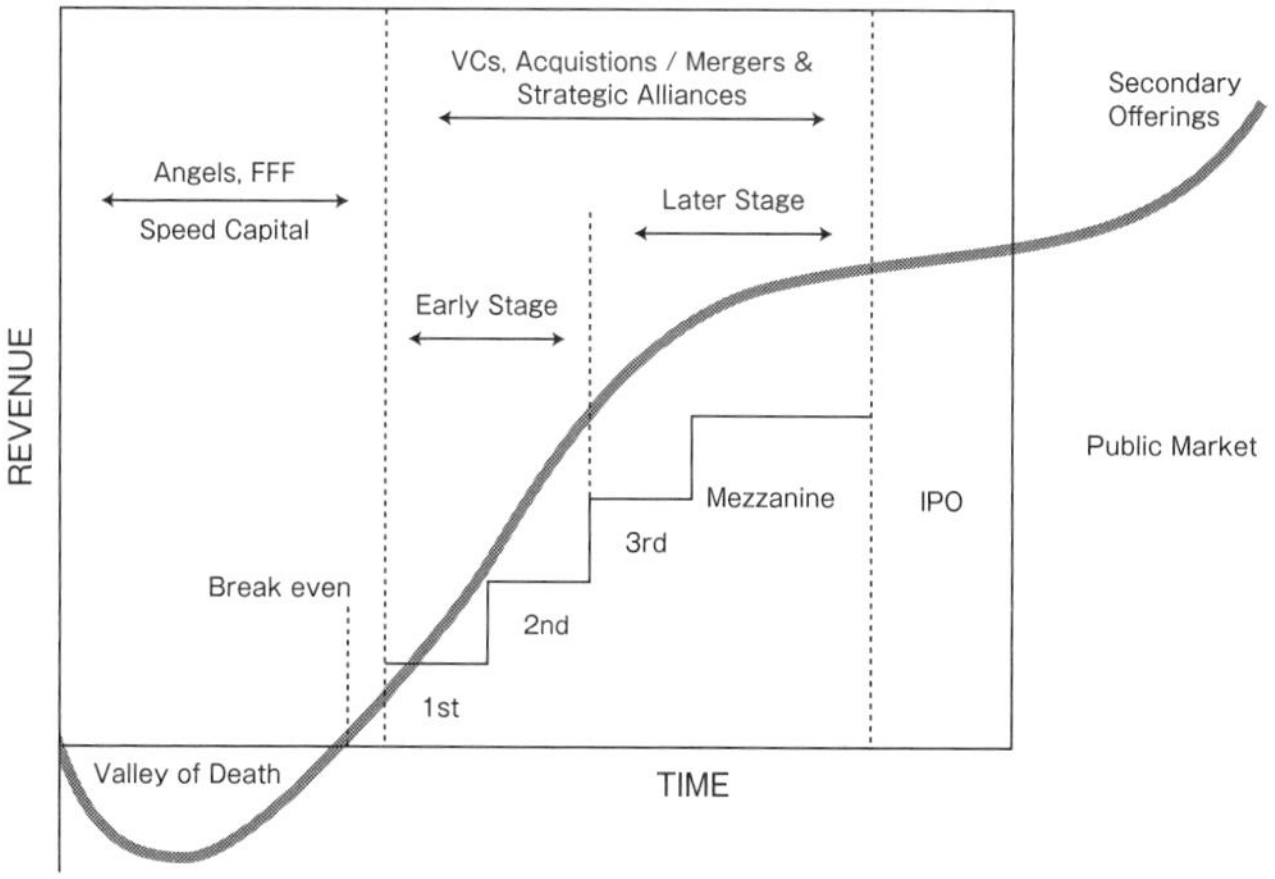

出典：English Wikipedia, http://en.wikipedia.org/wiki/Seed_money, Dec. 2012)

として契約や投資企業の内容に関して十分検討されるが、シードファンドは投資金額が比較的少額で個人的な投資のため、事業内容や将来の企業価値などあまり関知しない投資となっている。従って投資リスクは相当高いと判断される（注13）。

スタートアップ・ファイナンシング・サイクルの図表６－４は、事業のライフサイクルに沿った時間の経過と事業収入との関連性を表したものであるが、３Ｆやエンゼルファンドによる資金調達などのシードファンドの位置付けが理解できるとともに、その後の成長に伴う事業収益の拡大に連れて実施される数次の資金調達、ベンチャーキャピタル、Ｍ＆Ａ、戦略的アライアンス等で成長を加速してゆくパターンが見て取れよう。

日本の１５００兆円個人金融資産の特徴

日本でも、声をあげるエンゼル投資家や橋渡しをする機関が多少現れてきたが、エンゼル数は絶対的に少ない状況である。日本経済の未来に活力をもたらす新規事業を興す起業家の登場が少ないという大きな理由の一つがここにある。

２０１２年の日銀調査統計局の「資金循環の日米欧比較」によれば、国民の個人金融資産が現在、約１５００兆円あり投資資金が十分存在するにもかかわらず、そのうち56パーセント（８４０兆円）は超低利回りの金融機関への預貯金となっており、これで金融機関は国債等を買うという流れである。株式・債券などへの投資は10パーセント強と低い水準である。

ちなみに米国では、反対に預貯金は15パーセント、株式・債券などへの投資は53パーセントと非常に高水準である。また、ユーロ圏を見ると、日米との中間的なポジションにあることが分かる（図表６―５参照）。

ここで、日本の個人金融資産による株式投資は

◎図表6-5　日米欧比較《家計の資産構成》

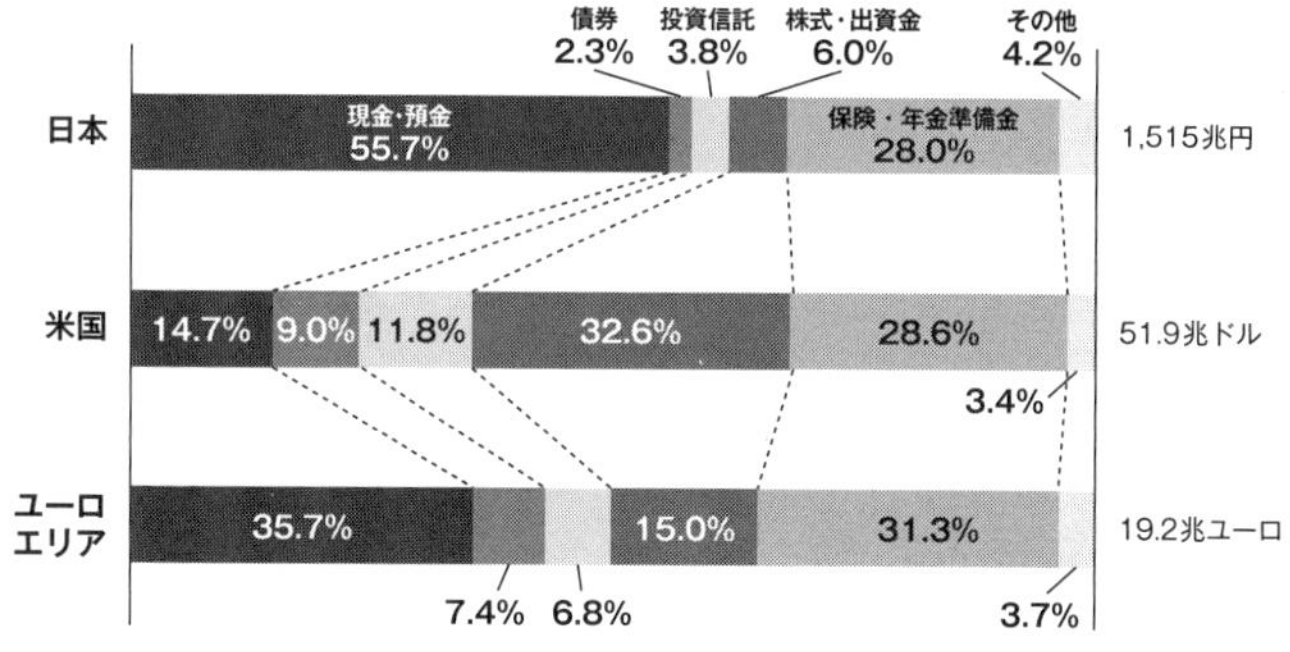

（注）日本は2012年6月末、ユーロエリアは2012年3月末現在
出典：「資金循環の日米欧比較」2012年9月26日　日銀調査統計局

6パーセントしかない。国内の新規ビジネス等への投資に向かっていないことが推測できる。エンゼルファンドの原資を有する裕福な個人は米国に次ぎ多いが、リスクマネーとしての投資にはきわめて消極的姿勢であることが分かる。

クラウドファンディングとは

クラウドファンディング（Crowd Funding）は、クラウドファイナンシングともいわれるが、起業家や法人のために、資金を募る案件をインターネットで公開し、必要な資金を少額ではあるが不特定多数の群衆（Crowd）から募る方法である。

その仕組みは、先ず資金を必要とする者はプロジェクトの企画書をインターネットでプラットフォームを運営する会社に向け提案する。採択されれば、サイトに掲載され、一定期間を定めて人々から資金を募る。資金の出し手は、そのプロジェクトに共感できれば少額資金を出し、直接支援するというもの。

世界的な広がりで行われるようになったクラウドファンディングが始まった動機は救

済活動である。後述するが、日本でも同じ流れだ。

　この資金調達手法は、災害救助、救済、芸術・文化活動、発明・開発、ジャーナリズム、政治的キャンペーン、そして起業の為の資金などきわめて広範な活動目的のために利用されるようになった。２０００年頃から、救済・寄付型（Donation-based）からスタートしたクラウドファンディングは、その後に一定程度の利息を得る融資型（Lending-based）へ、そして音楽家・芸術家・クリエーターなどを支援するキックスターター（Kickstarter）のような報酬型[注14]（Reward-based）、そして２０１０年代には株式投資型（Equity-based）へと多様化し急成長している（図表６―６参照）。

　ここで、キックスターターとは、２００９年ニューヨークに設立された、クリエイティブなプロジェクトに資金を集める米国最大のインターネットのプラットフォーム（platform）である。芸術、ファッション、映画、食べ物、写真、出版、テクノロジー、その他さまざまな分野を取り扱う。

　キックスターターは２０１２年５月に特殊な腕時計プロジェクトの大成功で過去最高額の１千万ドルも集め一躍その名を世界にとどろかせた。同社のプラットフォームにはこのような大型プロジェクトから音楽やコミック制作など１０００ドル程度のごく小さなプロジェクトまで様々だ。ホームページ（注15）をみればキックスターターの概要やプロジェクトの内容も分かるが、動画でも説明している。現在、急成長中で、２０１１年には９９００万ドルを集めた。２０１３年2月までに約3.8万プロジェクトを立ち上げ、約4.4億ドルの資金を集め、目標資金の達成確率は44パーセントとなった。

ただし、キックスターターは、プロジェクトに対してはコントロールも所有権も持たず、集めた資金の５パーセントを収入源にしていると述べている。プロジェクト企画者は無料でこのプラットフォームに掲載できるが、資金の出し手に対するその後の説明責任に関しては今後課題が残りそうだ。

米国で急成長のクラウドファンディング

活動中のクラウドファンディングのプラットフォーム（注16）は、２０１２年4月現在、全世界で４５２あると言われ、その大半は米国および欧州であり、２０１１年は世界全

◎図表6-6　世界のクラウドファンディング成長スピード

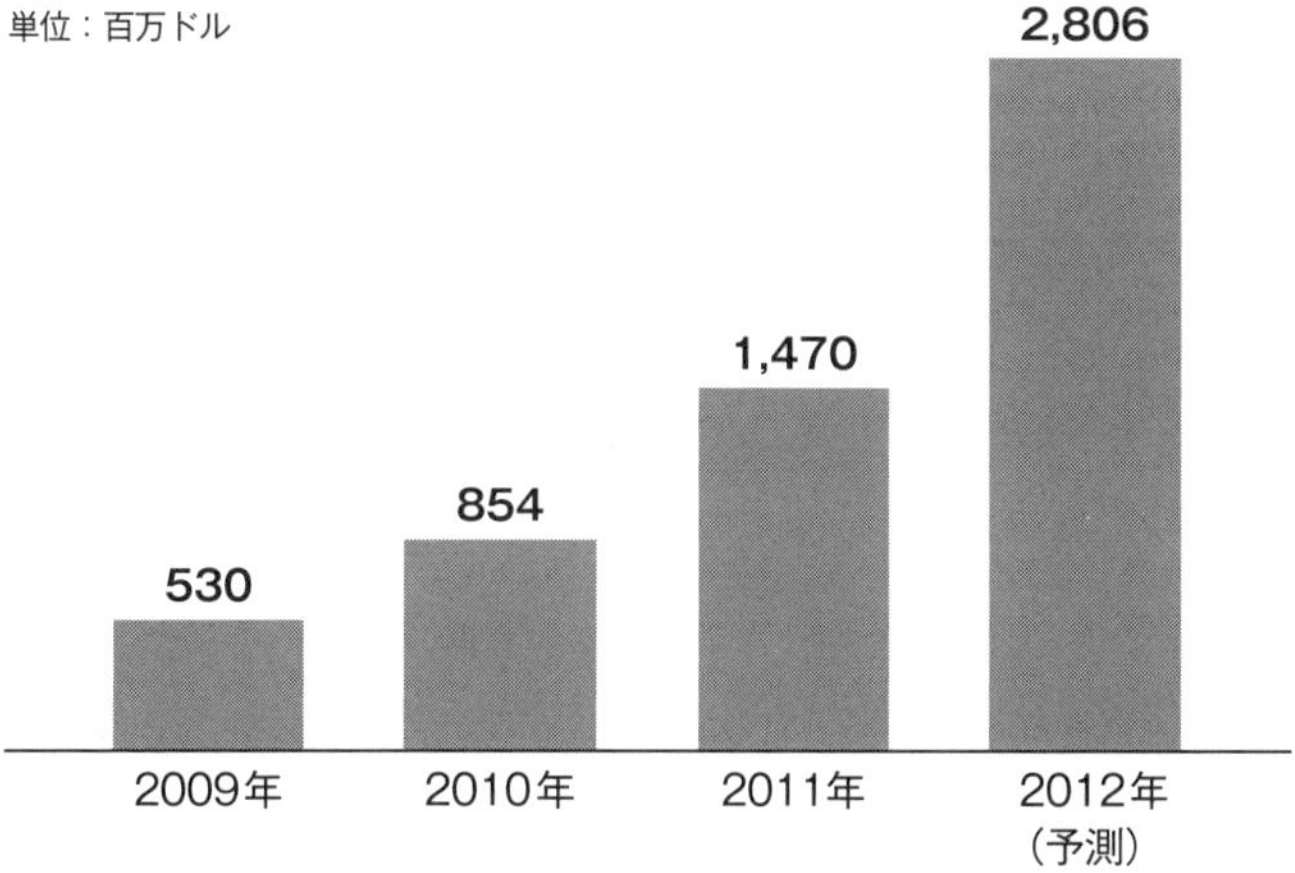

出典：Crowdfunding Industry Report,p.15を筆者が簡略化して作成。

◎図表6-7　2011年のカテゴリー別のクラウドファンディング・プラットフォーム割合

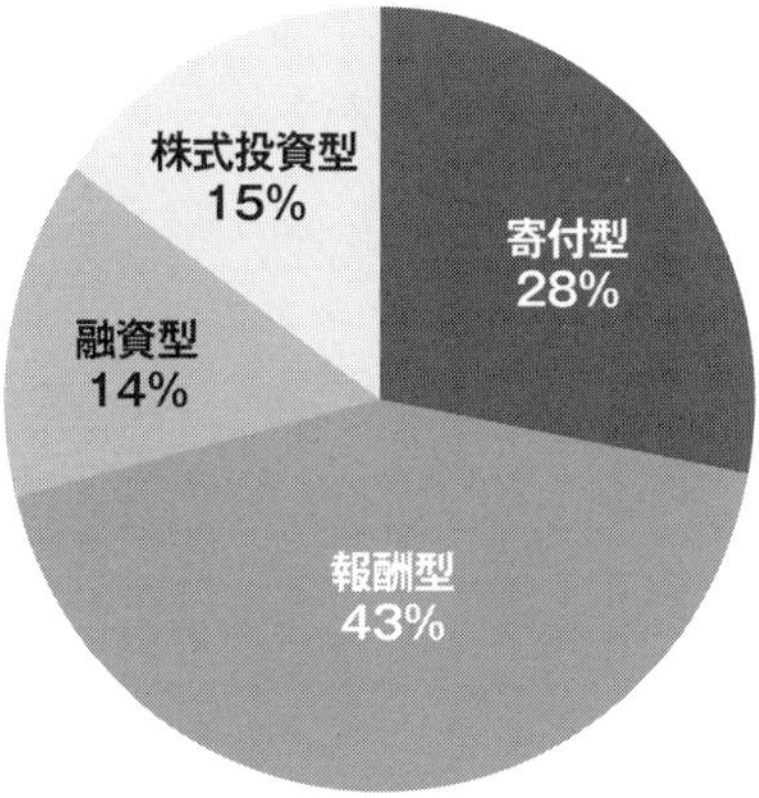

出典：サンプル数143における構成割合、Crowdfunding Industry Report,p.17をもとに筆者作成。

体で約15億ドルの資金量となった。２０１２年の予測ではプラットフォーム数は５３６に増加し、資金量は28億ドルと倍増の見通しである。救済・寄付型あるいは報酬型のファンドは、一口の金額が２５００ドル以下が35パーセントを占め、２５００〜５０００ドルが28パーセントである。１万ドルを超える拠出は全体の10パーセントに過ぎない。しかし、株式投資型は将来の配当や値上りというリターンが期待できるためか、５万〜25万ドルが全体の47パーセントを占めている。

さまざまな目的に活用されるようになったクラウドファンディングであるが、図表6－7に示したように、世界的な動向としては、資金量の規模は報酬型が最も大きく、寄付型がそれに続く。しかし、資金量の成長スピードとしてはごく最近登場したばかりの株式投資型が最も速くなっていることは注目に値する。

米国で新規事業活性化法が成立

オバマ政権は、２０１２年４月、クラウドファンディング関連法である、新規事業活性化法（JOBS ACT：Jump-Start Our Business Start-Ups Act）を成立させ、新規事業などを支援する動きを進めている。

この法律（以下JOBS ACT）の狙いは、新たな概念の新興企業（Emerging Growth Company）というカテゴリーを導入し、新興企業の資金調達力やＩＰＯの可能性を向上させるものである。すなわち、資金調達に関して、新興企業の財務報告、運営面での負担の軽減や実際の資金調達に関わる規制を緩和したことである（注17）。これにより、米１９３３年証券法、１９３４年証券取引法、２００２年ＳＯＸ法などが改正される。

詳述は避けるが、注目される一つは、一定規模に達するまでの新興企業向けに、クラウドファンディングによる資金調達の道を広げたことである。中小企業（個人は一定条件あり）は、ＳＥＣへの登録なしで、1年間で１００万ドルまでクラウドファンディングによる資金調達が可能となり、起業意欲を支える資金調達に画期的といえる方法が加わった。ただし、資金調達を行った企業は、財務諸表（資金調達額に応じて監査、簡易監査、未監査などに分かれる）をＳＥＣおよび投資家に開示しなければならない。

日本におけるクラウドファンドの先駆け

日本において、クラウドファンディングは黎明期にあるが、先駆的な事例として災害復興支援という「救済・寄付型」に分類される、「READYFOR?」がある。

２０１２年、事業経験のなかったある女性が、津波で破壊された岩手県陸前高田市の市街に、みんなの図書館を再建したいと立ちあがった。図書館は「心の診療所」、こんなときだから、今出会う本が、子どもたちの一生の支えになると活動を続けている(注18)。

しかし、立ちはだかったのは資金の壁。図書も什器もすべて流され、図書館の再建には２００万円必要と見積もられた。震災１年後の３月、「READYFOR?」というサイトに、このプロジェクトを掲げて寄付を募った。たったの３日で２００万円集まった。50日間で全国の８６２人から目標の４倍を超える８２４万円を集めた。もしも一定期間に目標額に達しなければ資金は入手できず出し手に返還される。

日本でこのプラットフォームを運営するのは東京の新興企業(注19)である。このサイトの主な取扱プロジェクトとしては、音楽、映画、アート、テクノロジーなどのクリエイティブな活動、及び、貧困問題、教育問題、環境問題、医療問題などの社会性の高い活動であるという。この会社は、２００８年３月設立、これまでに１５０の案件を作り、９千万円を超える金額を集めたという（注20）。

現在はこの他にも、CAMPFIRE、WESYM、motion gallery、i-kifu、セキュリテなどのプラットフォームが立ち上がっている。

報酬型のクラウドファンディング

iPhone用のとてもユニークなケースの生産に、クラウドファンディングで必要資金を集め、初の自社製品を作った金型加工メーカーにニットー社がある。同社は、このプロジェクトを、「キャンプファイヤー」というプラットフォームを利用して、２００名から40日で１３１万円の資金を集めた。

報酬型では、通常パトロンと呼ばれる小口の出資者にリターンとして自社製品や音楽や演劇チケットなどを送るが、同社は5千円以上の資本提供者には完成品を贈呈する。小口資金の出し手はユーザーでもあるため、製品試作の段階でさまざまな意見を聞くことができ、効率的なマーケティング・リサーチも可能とした。魅力的製品が支援者から小口資金を集める牽引力となったようだ(注21)。日本でのクラウドファンディングは、救済・寄付型から始まり、報酬型も少し出てきたところである。

ベンチャーキャピタル

ベンチャーキャピタル（VC：Venture Capital）は、冒険的投資を行う者の投資資金を指していうが、要は、高い成長見通しのある未公開企業に対して投資をし、ハイリターンを狙う株式投資のファンドである。米国では古くから新規事業の立ち上げはベンチャーキャピタル中心で行われてきた歴史がある。

経営にも積極的に関与することも多く、企業価値を高めることができると、早期に株式を売却し投資回収をする。投資時期は、小口投資家のエンゼルより遅めで、ある程度、事業に見通しが立つ段階、つまりアーリーステージあるいはそれ以降である。従って、エンゼル投資家よりもリスクは小さいが、投資額はエンゼルファンドと比べ、数倍〜数十倍以上と大きく、1百万ドル程度は珍しくない。

また、エンゼルは自分の金を投資するが、ベンチャーキャピタルは、他人の金を投資するので投資責任、説明責任が伴い、それだけ投資には慎重な態度となる。ベンチャーキャピタリストが投資する狙いは、近い将来における投資回収と高い投資利益の獲得が期待できるからに他ならない。従って、投資先に将来の収益性や成長性が見込めること、しかもＩＰＯあるいは何らかの投資額の回収方法（エグジット）が見えなければ投資行動はとらない。

ベンチャーキャピタルにはいくつかのタイプがある。母体となる金融機関の有無とその性格、投資家の種類、経営参加度合、得意とする事業ジャンルなどの違いがあるので、どのベンチャーキャピタルから出資を得るかを検討するに当たり、属性の違いをよく理解することが必要である。

また、ベンチャーキャピタルは、取締役会メンバーとなり、積極的に経営に参加し、

◎図表6-8　日本におけるVC年間投融資額の推移

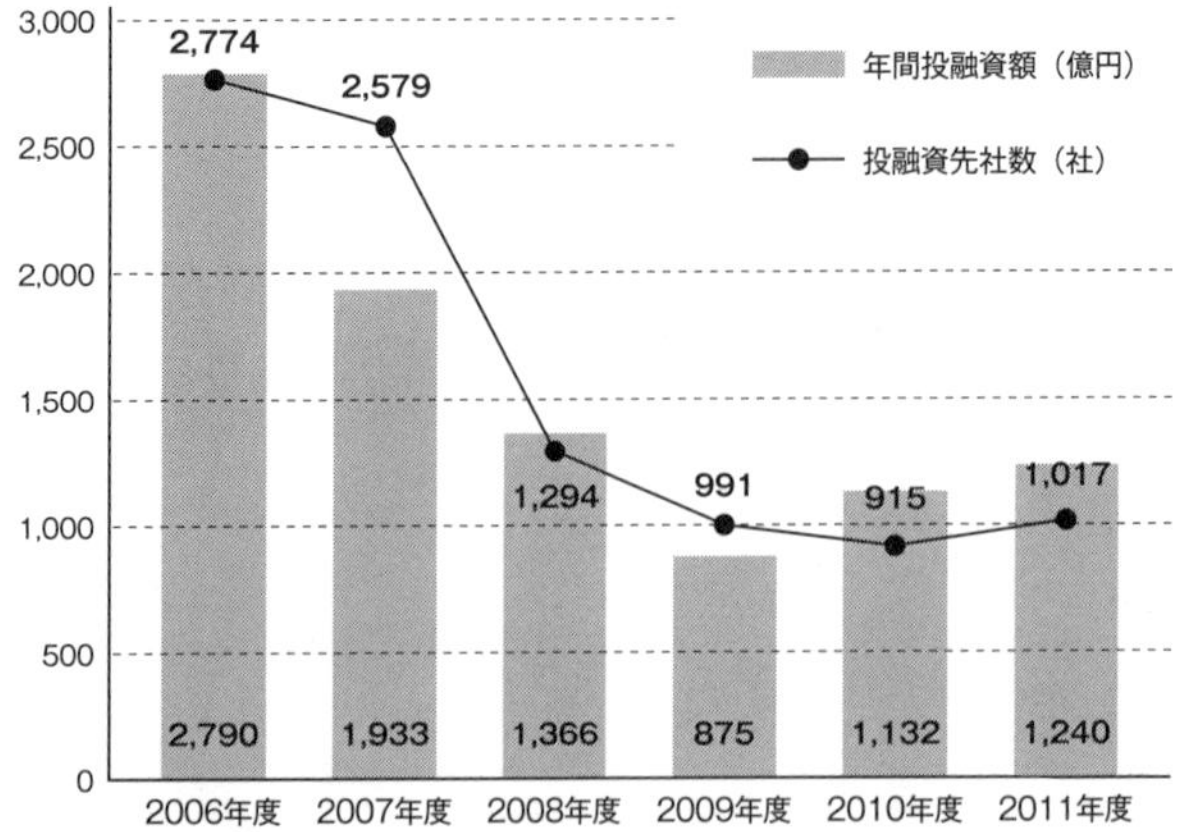

（注）グラフ中の数値は各年調査の単純集計による

出典：VEC各年投資動向調査

◎図表6-9　アメリカにおけるVC年間投融資額の推移

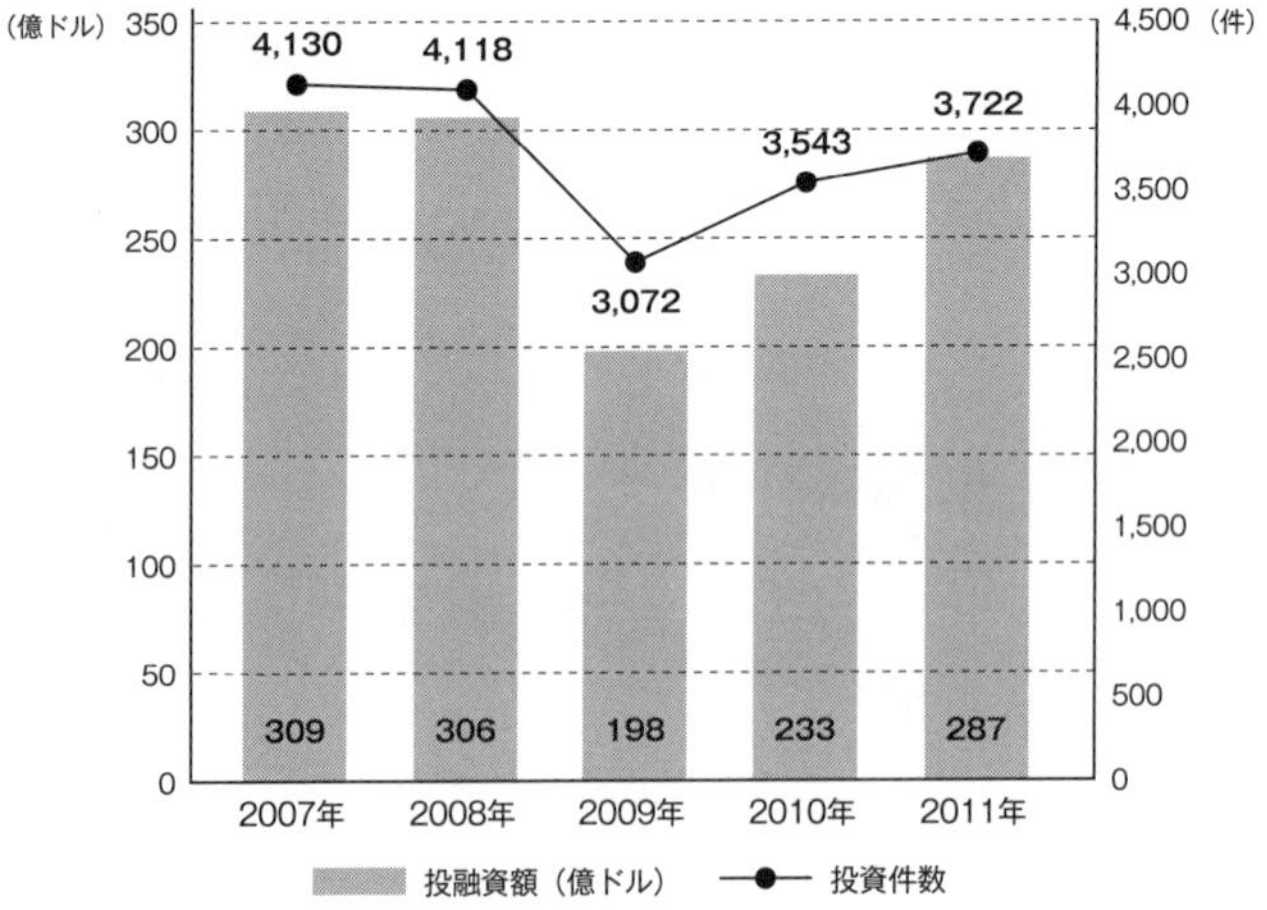

出典：NVCA YEAR BOOK 2012

（注）暦年（1月～12月）

多岐にわたる経営指導を行う、いわゆるハンズオン型（Hands-on）と、株主にとどまり経営に参加しないハンズオフ型（Hands-off）型がある。起業家にとって、資本参加を契機として、人材の紹介、他社とのアライアンス、事業計画、マネジメント業務など経営上の協力を得られるなら事業の成長にもはずみが出るという強みもある。

日本では株式公開直前に出資し、経営参加もせず、株式公開利益のみを狙うという行動もよく見られたが、これらはリスクマネーを出しハイリターンを目指すベンチャーキャピタル本来の投資行動とは異なると言わざるを得ない。

日本では、ベンチャーキャピタル市場は小さく、米国の約5パーセントにすぎない。（財）ベンチャーエンタープライズセンターが2012年10月29日に発表した2012年度「ベンチャーキャピタル等投資動向調査結果」（速報）によれば、日本のベンチャーキャピタルによる投融資額の合計は、1017社に対し1240億円であった（図表6−8参照）。一方、米国の2012年の投融資額は3722件に対し287億ドルである（図表6−9参照）。2008年のリーマンショック以後の減少は顕著だったが、2010年を底に日本はやや上昇に転じ、米国は急速に回復していることが分かった。

資金調達はビジネスプランで決まる

新規事業の資金調達は、ビジネスプランで決まる。初めの資金調達は、できても担保価値の範囲内となる。資金調達は事業の成長に関係する。成長に伴う収益性が重要である。

企業価値の向上はそれ以上の魅力である。企業の価値は、将来のキャッシュフローに基づく事業価値と、バランスシート上の事業に貢献しない非事業資産の時価の総和に基づき形成される。

新規事業では、前者の多くは、ビジネスプランに構想される無形資産の価値だが、この立証は困難がつきまとう。後者はほとんど無いに等しい。金融機関が新規事業への融資に躊躇する理由はいずれにも確信が持てないからである。

唯一の方法は、前者に関わる魅力的な「ビジネスプラン」の策定である。これができれば、金融機関や投資家に対して一定の説得力を示すことが可能となる。新規事業の価値、成長性をいかに「見える化」できるか、ビジネスコンセプトの魅力とビジネスモデルの構築がビジネスプランの中心に明確に記述されなければならない。

もう一つ、このビジネスプランの達成を可能にするのはリーダーの資質である。創業者および創業チームの魅力である。投資家はそれをよく見て決める。外部からの資金調達では、金融機関、エンゼル投資家、ベンチャーキャピタリストの違いに関わらず、起業を決意したあなた自身と策定した唯一のビジネスプランで勝負しなければならない。全てはこれで決まると覚悟すべきである。

日本のベンチャーキャピタル

日本で最も古い歴史を有するベンチャーキャピタルは東京中小企業投資育成である。昭和38年、中小企業投資育成株式会社法に基づき半官半民で設立、長期的な投資視点を重視し、経営には参加しないハンズオフ型のファンドであるが、経営相談、ビジネスマッチング、上場支援、各種のセミナーなどの経営サービスは行っている。

２０１２年3月末には、累計投資先社数が１９４１社、投資総額１０２７億円となっている（注22）。投資先で数十社のＩＰＯ実績がある。成功の背景として、早い段階から株主となり長期間株式を所有することがあげられる。閉鎖的なオーナー企業に第三者株主として参加するため経営の透明化が進み信用力が高まるという効果もある。公認会計士による外部会計監査が導入されるため資金調達上で有益となる。このように長期的視点、ソフトな投資姿勢に特色がある。

民間企業として日本最古、最大のベンチャーキャピタルとしては（株）ジャフコが挙げられる。昭和48年設立、現在、東証第一部に上場しており、ベンチャー投資だけではなくバイアウト投資（企業買収）も行っている。また日本国内だけではなくアメリカ（シリコンバレー）、中国、韓国、シンガポールなどにも広く進出、グローバルな投資活動を行っている。これまでに、日米欧で投資先のＩＰＯの実績は、２０１２年12月（注23）で日本での７３０社を含め９１５社と発表している。

同社は、インキュベーション投資、ベンチャー中堅企業投資、バイアウト投資など各成長ステージの企業へ投資を行っているほか、内外企業とのアライアンス、海外進出のコーディネート、投資先支援の経営コンサルティングなどのサービスを行っている。

この他、今日では金融機関系や事業会社系のベンチャー・キャピタルが多数存在する。一例を挙げると、大和ＳＭＢＣキャピタル、三菱ＵＦＪキャピタル、みずほキャピタル、りそなキャピタル、信金キャピタル、ＳＢＩインベストメント、オリックスキャピタル、伊藤忠テクノロジーベンチャーズ、ＣＳＫベンチャーキャピタルなどである。また、最近の事例では、２０１２年に、ＫＤＤＩはインターネット関連ベンチャーへのファンドを設立、ドコモもベンチャーファンドをつくり医療、ネットなどに幅広く出資し、ベンチャー企業の育成や開発費用、作業場、助言なども提供すると発表している。

ＩＰＯと資本調達

ベンチャーキャピタルを活用する前提は将来の株式公開である。ベンチャーキャピタルは、出口（EXIT）の見えない企業には投資しない。新規株式公開（ＩＰＯ）を実現するには、将来株式公開をしたいという願望だけでは無理である。優れたビジネスモデルを構築し、経営改革の決意を固め、優れたリーダーのもと必死に目指さないとできないと考えるべきである。事前に十分研究する必要がある。

株式公開は自由度の高いプライベート企業から、一定の法的・社会的制約を受ける公開企業に変わるわけで、当然に高い社会的責任を負うことになる。ＩＰＯを果たせば、自社の株式が証券市場で流通し、広く投資家から資金調達することも可能になるという最大級の魅力と同時に資金調達の方法も多様化できる道が広がる。ＩＰＯにより、長期的安定資金を調達できるなど、企業の財務体質を格段に強化できる可能性が生まれる。このような資金調達の他にも以下のようないくつかのメリットが考えられる。

・企業の知名度、信用度、イメージが向上する
・人材採用に有利となる
・経営のガバナンスや内部管理の改善が進む
・経営戦略の諸手段の確保の可能性が高まる
・株式の市場価格の形成と流動化
・企業価値がより「見える化」できる

・創業者にキャピタルゲインをもたらす

その一方で、以下のようなデメリットもあるので十分理解しておく必要がある。しかし、前向きに対応することを考えれば、企業体質の健全化・強化に結び付けることは可能であり重要な視点である。

・経営者の説明責任の発生
・内部統制・内部管理に関するコスト負担
・決算書監査やタイムリーな開示義務の発生
・インサイダー情報の管理・監督
・オーナー持株の希薄化や敵対的買収の可能性

ＩＰＯは、将来の成長可能性が高ければ、比較的小規模な企業、収益性の未だ低い企業、あるいは創業数年足らずの企業でも可能となっている。起業家向け市場として、東京証券取引所のマザーズの市場を含む「新興3市場」（他に、ＪＡＳＤＡＱ、大証ヘラクレス）が日本では代表的な市場となっている。

ＩＰＯに関する諸規制、手続きの複雑性、コスト、市場アクセス、経営戦略などの違いから、近年はホンコンやシンガポール市場でＩＰＯを目指す企業も出ていることが注目される。

ＩＰＯの前に資本政策を作成

株式公開を進めるには、資本政策（Capital Policies）の作成が欠かせない。資本政策の善し悪しは、ＩＰＯの成否を左右するほど重要である。ここで、資本政策とは、上場企業として資本市場と長く付き合って行くための長期的な資本計画あるいは資金計画のことである。強く健全な財務体質を構築する上でも、株式公開前と公開後に分けた資本政策を策定する必要がある。

先ずは、「株式公開前の資本政策」であるが、①公開以前に行う資金調達、②社員持株制度や安定株主対策、③事業承継対策、③公開時の資金調達（公募、売出し、創業者利益）などを構想・計画する。次に、「株式公開後の資本政策」としては、公開後の資金調達、株式の流動性（取引高）、株主への利益還元、最適資本構成などの課題を明確にする必要がある。

ＩＰＯでは、新たに株式発行（公募）する場合と、既に発行されている株式の売却（売出し）がある。前者は、企業への資金流入となるが、後者はその株のオーナーに入金する。実際には、これらの組み合わせが検討される。いずれにしても一般投資家に広く株式が流通するため、常に株価の形成や株式取引高に注目しつつ企業は情報開示やＩＲ活動などに努める。ＩＰＯを果たした企業は、株式および資金調達のマーケティングが重要となる。

起業資金にはエクイティとデットがある

資金調達法には多様なメニューがあった。最適な資金調達法の選択、あるいはその組み合わせ等の財務戦略は企業の成長段階と利用目的に応じて変化する。本書のテーマは新規事業であるため、事業のライフサイクル後半に関しての資金調達を記述することに力点を置いていない。

日本での資金調達は、米国のようにリスクとリターンの関係が必ずしも明確ではないようだ。特に、ライフサイクル当初の事業リスクが非常に高い段階において、株式によるリスクマネーの供給市場が小さくかつ未熟である日本では、借入金（デット）による調達が非常に大きな役割を果たしている。（図表6―10参照）

特に銀行融資は、リスクマネーの出し手としては本来不向きな資金である。しかし、公的信用補完等の形で間接金融が広く実行され新規事業や中小企業を支援している現状がある。いやそれ以上に、公的信用供与は、新規事業に必要な資金供給において、

◎図表6-10　新規事業の成長段階毎の資金調達（日本）

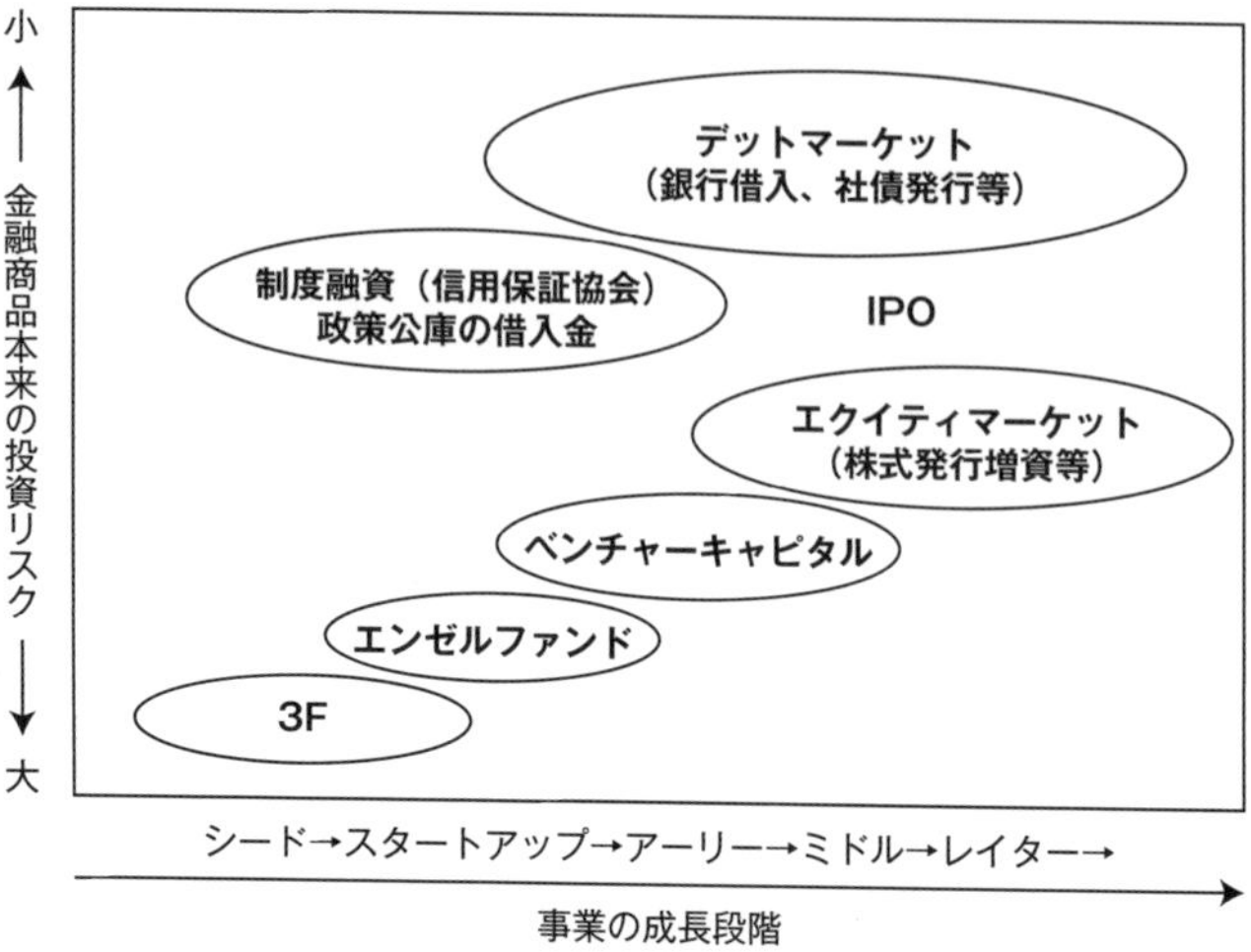

事実上中心的存在となっており、かつ民間融資の呼び水的な機能も持っている。

この意味で、新規事業の導入期においては、米国ではリスクマネーが主体で間接金融がサポート機能を有するのに比し、わが国における資金供給は、間接金融が主体でリスクマネーが補助的役割となるという二層構造となっている。ただ、リスクマネーに代替する公的な間接金融は不良債権化の可能性が相当高くなる一方で、事業が成功してもキャピタルゲインはない。いわばハイリスク・ローリターンの世界である。これを社会的コストとして受容するにしても、やはり本来のリスクマネーの供給市場を育成することが本来の姿である。

新規事業への取り組み意欲が目立って低いと指摘される日本で、リスクに見合った適切な資金供給市場が整備・育成される意義はきわめて大きいと言わざるを得ない。起業家がより自由に起業資金を得られ万一失敗しても再チャレンジ可能な環境、また出資者が敢えてリスクを取っても投資できる環境のインフラ整備が喫緊の課題と思われる。現在のエンゼル税制の拡大、より大幅な規制緩和、民間個人金融資産からの投資誘導など根本的、総合的な対策が期待される。

起業資金の調達と日本の特徴

起業資金の調達先を見てみよう。起業には、リスクマネーと相性がいいことは既に触れたが、日本の現状がそのようになっていないことは（図表6—11）明らかである。スタートアップ期の起業資金の調達先として、3F（Founder, Family, Friends）からの調達が多いことは先にも触れた。また、これを補うために政府系金融機関、地銀、信用金庫、信用組合などから融資を受けてスタートする起業家が圧倒的に多いのも日本の特徴であることが分かる。なお、ベンチャーキャピタル等からの出資金を受けた者はわずか2.0パーセントのみである。

また、この図表では調達先のみを表示したが、調達額に関しては、その中央値を見ると調達先の違いに関わらずほぼ全て数百万前後の少額の調達額である。しかしこの例外として、ごく少数の起業家がベンチャーキャピタル等からの出資金（中央値で約4千万円）を受けていることと、フランチャイズチェーンに加入して本部から借入金（中央値

◎図表6-11　起業資金の調達先（複数回答）

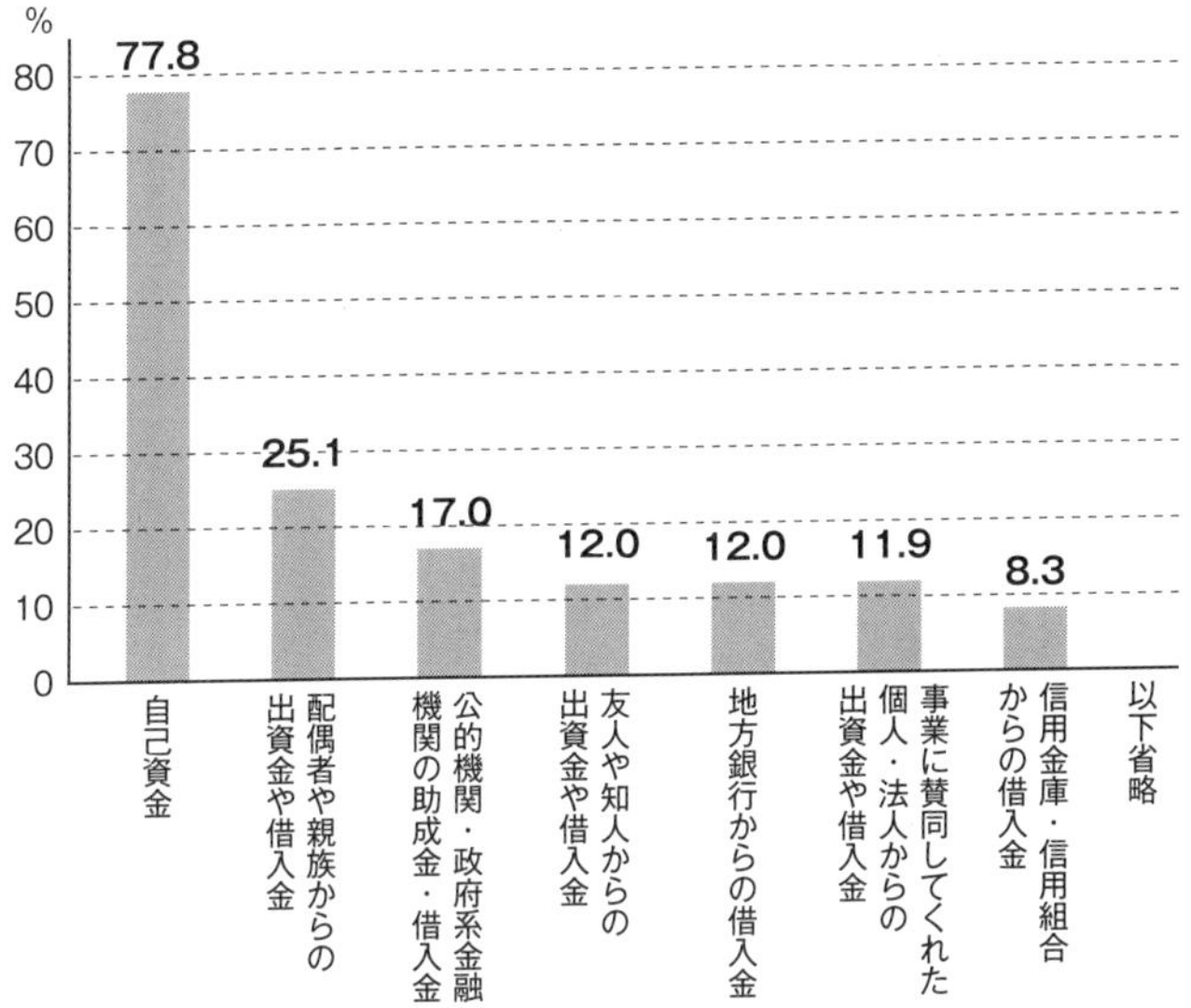

(注) このデータは複数回答方式であるため全体で100パーセントになっていないことに注意を要する

出典：中小企業白書（2012年12月、帝国データバンク）を筆者が一部簡略化の上で引用。

で約2千万円）を得ていることが注目される（注24）。

公的金融機関からの借入金

日本の実態から判断して、起業資金は家族・友人など個人的に集めた資金を除けば、公的金融機関に依存する事例が最も多い。起業家向けの資本市場が脆弱な故に政策的な支援が必要となっていることが分かる。

公的な金融支援として政府系の株式会社日本政策金融公庫（以下、政策公庫と呼ぶ）や各地方公共団体からの助成金・借入金が一定要件のもとで用意されている。特に代表的な起業資金として、政策公庫の「新創業融資」と都道府県・市町村の制度融資である「創業融資」がある。

政策公庫では、新規開業資金、女性若者・シニア起業家資金、再挑戦支援資金、その他いくつかの融資を行っているが、起業家などが、これらの融資を申請すると、一定の要件が整えば、融資額のうちから１５００万円以内において、原則的に無担保、無保証で「新創業融資」として借入することができる制度が用意されている。返済期間は、運転資金は5年以内、設備資金は10年以内が原則である（注25）。

また、東京都の制度融資である「創業融資」では、条件が整えば、保証協会の保証で最高２５００万円以内の融資が可能。原則無担保、無保証（法人は代表者の保証あり）で借り入れることができる。返済期間は、運転資金は7年以内、設備資金は10年以内である（注26）。

信用保証協会の保証代行の活用

信用保証協会は、信用保証協会法に基づき、中小企業者の金融円滑化のために設立された公的機関である。全国各地に、合計52の信用保証協会があり、１５７万企業に利用され、保証利用の残高は２０１２年12月でほぼ34兆円（注27）と膨大な金額となっている。日本の中小零細企業者総数は約３５０万社として、何とその45％が利用したことになる。

このように、中小企業者が金融機関から事業資金を調達するときに、信用保証協会の「信用保証制度」を利用できれば、借入をスムーズに行うことが可能となるわけだ。信用保証協会は、融資はせず、あくまで信用保証業務のみを行っている。

先ず、制度融資への支援がある。制度融資は、資金調達力の弱い個人や中小企業をサポートするために、地銀・信用金庫などの金融機関および都道府県と協調して行う融資制度のことである。この三者の役割分担であるが、都道府県は事業者が有利な条件で借りられるよう一定の資金を金融機関に預託し、融資する原資の一部とする。信用保証協会は金融機関が行う融資に対する保証を行い、もし融資の返済が不能となった場合には代位弁済を行う。金融機関は、信用保証協会の承諾を得て予め定められた条件に従い融資を実行する。

このようなチームワークにより融資を円滑化する趣旨であるため、創業資金が必要な起業者にとっては使い勝

◎図表6-12　信用保証の内容

保証限度額	2億8,000万円（無担保保証8,000万円＋普通保証2億円）
資金使途	事業に必要な運転資金・設備資金
保証期間	保証制度によって異なる
貸付金利	金融機関所定
担保	原則として保証合計額が8,000万円を超える場合は担保が必要
連帯保証人	原則として法人代表者のみ
保証料率	中小業者の経営状況に応じた９区分から適用
責任共有割合	原則として信用保証協会が80%、金融機関が20%の負担割合

出典：信用保証協会リーフレット（2012年4月発行）

手の良い制度となっている。また、信用保証協会は、制度融資の他にも独自の個人、法人の中小業者に対して各種の保証業務を行っている。

信用保証協会の行う信用保証は、ほとんどの中小企業が利用できるが、保証内容の概要に関しては図表6―12を参照のこと。

動産・債券担保融資（ＡＢＬ）の活用

公的金融ではなく、民間金融に軸足を置いた動産担保融資は、スピードは遅いが着実に利用者が増加し注目されている。米国では古い歴史があり中小企業の短期的な銀行融資では、最大の融資方法となってきた。その背景を簡潔に言えば、もともと地価が安かった米国では、日本のような圧倒的に多い不動産担保による融資形態はあまり広がらず、実際の営業活動に関連して発生する棚卸資産、売掛金、工場内の機械やフォークリフトなどの動産を一括担保化し、融資を得るという動産担保による方法が盛んに行われてきた。

この方法は、統一商法典（ＵＣＣ：Uniform Commercial Code）の「担保付取引」の規定に則り、貸付証書（Financing Statement）という書類に必要事項を記載し登録（filing）という簡素な手続きをもって担保権の完成方法（日本の第三者対抗要件具備に相当）として認めるというものである（注28）。非常に簡便な方法なので使い勝手が良く、これを見合いに取引金融機関から融資を得るというわけである。

日本で動産・債券担保融資（ＡＢＬ：Asset Based Lending）が本格化したのはなぜか。それは不動産下落による担保価値の不安定化、過度な個人保証依存による融資など、旧来方式の融資方法から、企業の営業活動に着目し事業の成長に関連して必要になる運転資金という視点からＡＢＬによる融資が注目されたからである。営業活動に着目するという融資の視点は米国の事情と同じである。日本では、２００５年から法改正により債権に加えて動産も登記の対象となったことを契機に、特に在庫による融資が普及してきた。この方法による融資額の比率はまだまだ低いが、地域金融機関をはじめ年々拡大傾向にあるため、在庫を必要とする新規事業にあっては有力な資金調達手段の一つに加わりつつある。今日では、銀行にＡＢＬの評価を助言する会社も現れ、連携した物流会社が在庫状況のモニタリングを行うなど徐々にではあるが確実に環境が整備されてきた。

多様な資金調達法

ＩＰＯを果たした企業は勿論、未公開でも成長期や成熟・安定期に入った企業の資金調達方法には図表６—13に示したように豊富な資金調達法のメニューが用意されている。

ここではバランスシートとの関連で四つのカテゴリーに整理・分類している。（１）デットファイナンス、（２）エクイティファイナンス、（３）メザニンファイナンスそして（４）アセットファイナンスである。どのような調達方法を選択するかは、企業のおかれたラ

◎図表6-13　バランスシートが示す種々の資金調達法

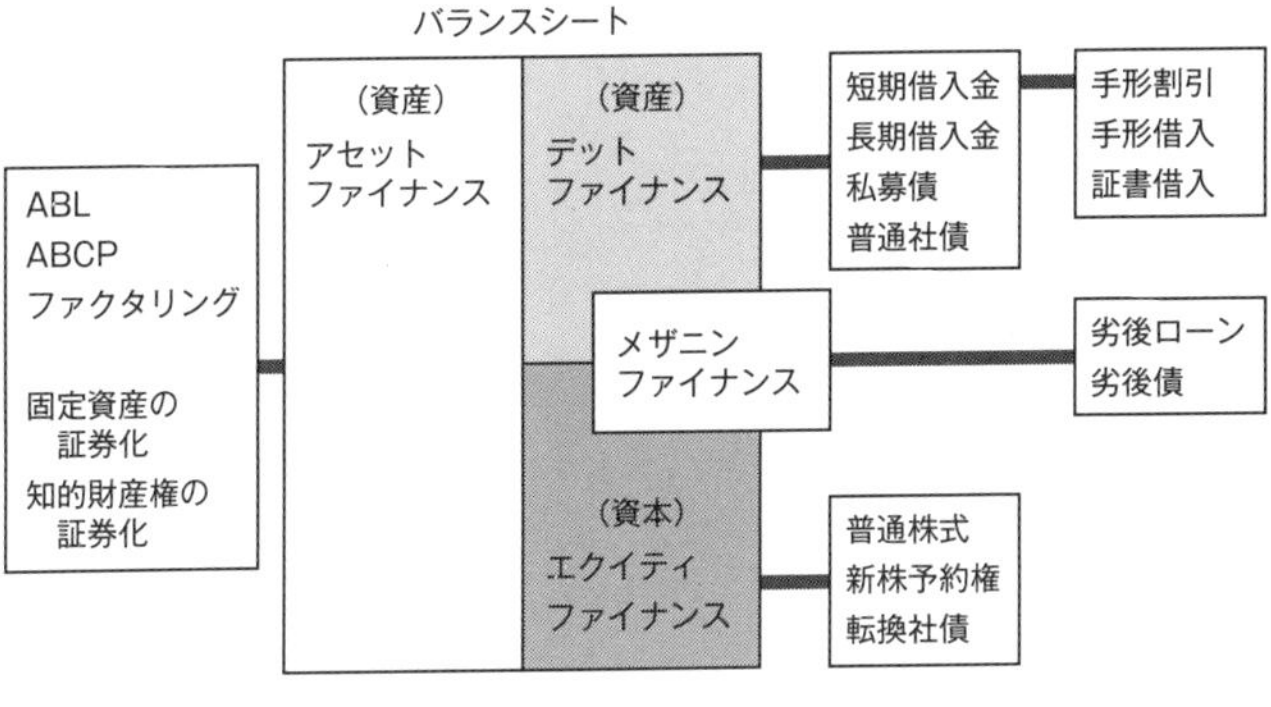

イフサイクル、投資目的、信用状況により違いが生じることは既に述べた。

(1) デットファイナンス

資金調達の第一のカテゴリーは、最も一般的なデットファイナンス（Debt Finance）といわれるもので、銀行借入金や社債発行による資金調達が該当する。

企業は規模の大小にかかわらず、業績が予期せず悪化することがある。そのようなときこそ必要な借入資金を確保したいと望むが、業績悪化により簡単にはいかない。このような事態を避ける方法としてコミットメントライン（Commitment Line）を設定することが広がった。これは、企業と銀行が予め契約した期間や融資枠の範囲内で企業の要求により銀行が融資の実行を約束（Commitment）する契約形態のことである。

その他、デットファイナンスには、企業全体から生じるキャッシュフローではなく特定の事業資産から発生するキャッシュフローを担保に資金を調達するプロジェクト・ファイナンス（Project Finance）や銀行団を編成し融資を受ける協調融資型のシンジケート・ローン（Syndicated Loan）などの借入方法もある。

（2）エクイティファイナンス

第二は、エクイティファイナンス（Equity Finance）である。普通株、新株予約権（注29）、種類株（注30）の発行や転換社債（転換社債型新株予約権付社債）の転換に伴う株式発行などの資本増加をもたらす資金調達である。エクイティファイナンスは、自己資本となるため返済不要で最も安定した資金といえる。

通常は配当コストを負担することになるが、これも相対的なもので無配もある。株式公開時あるいは既に公開企業となっている企業では、エクイティによる資本増強を図り財務体質を強化、あるいは企業価値を高めて株式交換によるＭ＆Ａを目指すなどの多様な財務戦略が可能となる。

また、近年は特定の投資家に向けて、柔軟な配当、議決権、残余財産分配権、譲渡制限などを設定した種類株を発行することが増加した。一例をあげれば、利害関係が複雑な事業再生時の自己資本の補充のために発行される種類株がある。すなわち、議決権の有無、取締役の選任権、配当の方法などいくつもの要素が複雑に絡む場面に直面することがあるため、投資家に対して、優先株の特徴を利用して、リスクとリターンの調整を行うことができることに加え、企業も普通株主との利害調整が柔軟にでき、自己資本の充実も図れるわけである。この例で発行される種類株はメザニン（中二階の意）ファイナンスの一つと考えられる。

(3) メザニンファイナンス

第三に、メザニンファイナンス（Mezzanine Finance）がある。これは負債と資本の性格を併せ持った中間的性格のファイナンスのことで、投資家にとっては他の債権に比べて返済優先順位が低く、相対的にリスクの高いファイナンスとなる。

例えば、メガバンクなどが発行している長期の劣後債（注31）は、一般の債務より返済順位が低く、その分リスクが高い資金とみなされるため、金利は普通社債より高く設定される。会計上は債務であるが、返済期限が通常債務より劣後するため株主資本に近い性格を有する。株式投資はハイリスク・ハイリターン、普通社債投資はローリスク・ローリターンと考えられるのに対して、メザニンファイナンスはミドルリスク・ミドルリターン投資と言える。

以上の３つのカテゴリーに入る資金調達は個々の属性により、バランスシート上では、負債または資本のいずれかとして表示される。

（４）アセットファイナンス

第四に、アセットファイナンス（Asset Finance）がある。比較的新しい手法のファイナンスであり１９９０年代後半のいわゆる会計ビッグバン頃から注目されるようになった。

企業の信用力により資金調達を行うことをコーポレートファイナンスと呼ぶのに対して、資産（Asset）の担保価値を用いて資金調達を行うことをアセットファイナンスという。

アセットファイナンスは、通常、売掛債権や不動産などの資産を担保として資金調達を行うとか、あるいはＳＰＣ（Special Purpose Company）へこれらの資産を売却しオフバランス化して、売却代金を回収する。

ここで、ＳＰＣは、購入した資産を基に資産担保証券（ＡＢＳ：Asset Based

Securities）を発行し投資家に売却し資金を得る。この方法によれば、在庫、売掛金、有価証券などの流動資産から土地、建物、あるいは特許権などの知的財産権や差入保証金の証券化に至るまで担保価値のあるものは全て対象となり、資金調達の可能性が広がる。

アセットファイナンスには、資金調達の多様化が図れること、資産のオフバランス化をとおしてバランスシートのスリム化を行い、ＲＯＡ比率などの財務指標を改善することができるなどの特徴がある。また、会計上の表示法であるが、資産担保としてアセットファイナンスにより調達された資金はバランスシートに負債として表示されるが、オフバランスされると資産の売却同様にバランスシートにはその資産と負債は表示されないことになる。

以上のように広範で多様な資金調達法が用意されているが、ここではその一部を述べたものである。とりわけ、公開企業となればこれらの資金調達法の選択肢に制約はない。資本市場は開かれているし、財務戦略にも多様性、機動性が生まれる。

アセットファイナンスと資産流動化

アセットファイナンス手法の一つに、中小企業や新規事業にとって利便性の高い売掛債権の流動化がある。売掛債権の流動化には①売掛債権担保融資、②売掛債権証券化、③ファクタリングがある。

第一の売掛債権担保融資であるが、文字どおり売掛債権の担保力を根拠に融資を受ける方法である。これは単なる融資であって売掛債権の売却ではない。借り手の債務不履行時の弁済手段として譲渡担保（注32）されるにとどまる。在庫等で融資を受けるＡＢＬと同じスキームである。

第二の売掛債権証券化とは、保有の売掛債権をＳＰＣに売却、資金化し、ＳＰＣは売掛債権の期日入金予定のキャッシュフローを基にコマーシャルペーパーなどを発行する方法（ＡＢＣＰ：Asset Backed Commercial Paper）である。この場合、不動産の証券化も同じ手法で流動化できる。会社は、ＳＰＣに対し不動産を譲渡、あるいはその信託受益権を譲渡し、ＳＰＣはその不動産の将来の賃貸収益や売却額を見合いに社債などを発行し資金を調達するというものである。

ファクタリングの活用

売掛債権の流動化の三番目はファクタリングであるが、売掛債権を契約・提携先のファクタリング会社に相対取引で売却し入金する。ファクタリング会社は、購入した売掛債権を期日に回収するというもの。

ここで買い取り価格は売掛先の信用状況によって差が生ずる。最悪の場合、企業が売掛債権をファクタリング会社に売却した後に回収不能に陥ることもありうる。この場合に備えて、その債権を買い戻す義務を負う契約（リコース型）と義務を負わない契約（ノン・リコース型）が用意されている。

日本では、一括ファクタリングと称して、支払手形に代えて、債務をファクタリング会社が一括して買い取り、代金を債権者に支払うという仕組みがよく見られる。これにより、手形に関する事務負担や費用、印紙税、取り立て手数料などを節減できる。

ファクタリングを貿易に応用したものが国際ファクタリングである。輸出貿易に際して代金回収に使われる。通常、第三者への輸出では、相手の信用補完のため船積み前に信用状（ＬＣ：Letter of Credit）や支払保証状（ＰＧ：Payment Guarantee）を入手するが、諸費用や事務負担がかかる。これを避けるために、ファクタリング会社から「支払保証」を受けて輸出契約を結ぶという方法である。

インボイス金額の100パーセントが保証可能とされるが、あくまで財務上の理由による債務不履行リスクに限定されるため、契約違反、マーケットクレーム、カントリーリスクなどによる不払いはカバーされない。近年、この国際ファクタリングや一括ファクタリングの利用がかなり増加している。大手銀行系を中心に商社系、ノンバンクなどがファクタリングを行っている。

財務上の課題をコントロールする

ここで、財務上の課題を少し整理する（図表6―14）。新規事業の初めは起業家にとって事業資金の調達が最も難関であった。しかも忘れてならないことは、初めの数年は、成長力が高いほど資金ニーズが大きくなるということである。

この期間は、キャッシュ不足に備えるためキャッシュフロー予測と対策が必要だ。これに失敗すると、創業者といえども、顧客に足を運ぶより金融機関に通うはめになる。ビジネス交渉は得意だろうが、この問題はより深

◎図表6-14　事業の成長段階別にみる財務管理上の問題発生と対策

財務上の問題	失敗のパターン	失敗結果	プロアクティブな対策
（スタートアップから数年間） キャッシュ不足	今日の支払いに困窮 ・当座の運転資金不足	パニック、後悔	資金繰り計画を作成 事前の資金手当
（拡大・成長期） 資本不足	明日の投資に困窮 ・長期的投資資金不足	成長機会にブレーキ	資本政策の策定 資金調達の多様化 IPO の実施
（成長～成熟期） 財産のコントロール欠落	業務上の トラブル症候群 ・在庫管理の失敗 ・債権管理の失敗 ・クレーム／ アフターサービスの増大 ・品質問題、その他	管理コストの増大 高コスト構造	管理会計の設計 IT ツールの導入 人材の育成・採用 教育実施

刻で簡単にはいかない。資金が逼迫すると、真近に迫る支払日にパニックも引き起こしかねない。

この事態を避けるには、予め数年間の資金繰り計画表を作成し余裕を持って事前の資金手当てをしておくべきである。

第二に、新規事業の拡大・成長期にはいると、設備投資のニーズが高くなる。例えば、システム開発投資、設備機器、事業所の拡大、マーケティング投資など多額の資金ニーズが発生する。成長期には、創業期と違い金融機関からの信頼性も高まり成長を見据えた旺盛な増資ニーズに答える財務戦略をたることになる。長期安定資金の検討や資金調達の多様化に備えなければならない。成長に伴う資金量、資金の種類、資金コスト、調達期間の長短、調達法、デット・エクイティ・レシオ、バランスシートの健全性に問題が生じないかなどを検討し、取引金融機関との交渉に当たることになる。

この段階で、IPOを戦略目標に掲げるなら、資本政策を用意しなければならない。IPOは、エクイティ・ファイナンスの道を大きく広げるので、財務の多角化、安定化の基盤を構築する良い機会となる。

第三に、成長・成熟期にはいると、種々の内部管理上の問題が噴出する。広がった顧客からのクレーム処理、追いつかない在庫管理の問題、回収遅延トラブル、忍耐と時間を必要とする人事問題や法務トラブルと問題は尽きない。「管理が成長に追い付けない」ときである。追いついた時には成長が止まり、成熟化ないし安定化の時期を迎えることになる。

だから成熟期や安定期には、社員やマネジャーの増加、大きなシステム化投資も済んでいることが多く、業務対応能力が一段と高まるが、同時に固定費が利益を圧迫し、創業時代のスリムで小回りがきいた組織から強力ではあるが大型艦船と化し腰高経営に変化している。この時期は、効率経営が求められるようになり、ＩＴの活用、管理会計の駆使、社員教育、固定費の変動費化、アウトソーシングなどが論議されるようになる。

以上のように、事業のライフサイクルに伴って出現する財務上の諸課題に対処し、首尾よくコントロールすることは事業成功に欠かせない。

事業成功の四原則

最後になったが、ドラッカーはベンチャー事業成功の四原則をあげている（注33）。①市場中心で考える、②財務上の見通しを立てる、③トップチームを構築する、④創業者の貢献範囲を定義する、である。新規事業に取り組む者にとって戒めとしての意味もあり、本書のまとめとしてもその趣旨について述べることにする。

①市場中心で考える

新規事業への参入はあくまで市場を徹底して研究し、顧客満足が図れる商品やサービスを投入しなければならない。これで事業の成否が決まる。常に、市場動向、参入機会、ニーズの内容をよく観察することだ。収益は外部からくるもので内部には存在しないということである。

②財務上の見通しを立てる

繰り返して述べたように、事業にはライフサイクルがあり、成長段階により異なる財務課題が発生する。しかし、いかなる場合でも常にその先を予測し財務計画を立てなければならない。

③トップチームを構築する

創業者は重々肝に銘ずべきことである。初めの2つ、市場で一定の地位やブランドを確立し、財務上の見通しも立て、事業として成功しても、これを怠るといずれ苦境に陥る。組織が大きくなるに従い、創業者一人で全てマネジメントすることは不可能となる。トップチーム全体で役割分担する時が来ているが、そのためには相当早い時期からトップチームをつくる準備に着手すべきである。

成長した企業の「創業者は、付き人を持つスターではなく、チームリーダーになることを学ばなければならない」（注34）。

④創業者の貢献範囲を定義する

創業者の貢献範囲もまた企業の成長に伴って変化する。事業が成長し成功した段階で、それまでの役割がその後も続くことにはならない。役割が変わらなければならないということである。

自分が何をやりたいかではなく、客観的に見て今後の事業に何が重要か、自分の強みは何か、その次に事業が必要とすることで自分はどのように貢献できるか。このような問いを徹底的に考えた後に、今後の自分の役割を検証すべきであり、そのためには外部に相談相手を持つことである。

いずれも無担保で、償還年限は10年以上もあるが、期限前償還条項を付けている。

(注32) 譲渡担保とは、債務者が融資の担保として債権者に目的物の所有権を移転しつつ、債権者は担保物の使用収益が認められる担保形態のこと。債務の弁済後には、債権者はその所有権を返還するが、弁済できないときは目的物から優先的に弁済を受けることができる。

(注33) P・F・ドラッカー(上田惇生訳)『チェンジ・リーダーの条件――みずから変化をつくりだせ!』ダイヤモンド社、2000年、223～240ページ。

(注34) ドラッカー同上書、235ページ。

（注14）報酬型とは、金銭を支払うのではなく、物ならプロジェクトで完成した商品、アーティストならその場に招待したり、音楽チケットをあげるといったものが多い。

（注15）キックスターターのHP、http://www.kickstarter.com/discover

（注16）Crowdfunding Industry Repot, May, 2012 research by CROWDSOURCING.LLC

（注17）Jobs Act法における、新興企業のIPOに対する負担軽減策の一例を挙げれば、IPOには2年間の監査済財務諸表があれば足りる。年次報告書では、内部統制に関する監査人の証明書の提出不要。未公開段階での資金調達の規制を緩和。更に、上場後の5年間はSOX法や開示の緩和を認めるなど、各種の規制緩和を進め、IPOの実現をバックアップしている。

（注18）READYFOR?のウェブサイト:https://readyfor.jp/projects/an_empty_library（2012年12月2日現在）。

（注19）クラウドファンディングのプラットフォーム提供事業者にとっては第三者として関与するため、第一種金融商品取引業者（証券業者）であると思われる。READYFOR?はオーマ（株）の運営するプラットフォームのサイト参照https://readyfor.jp/proposals/intro（2012年12月9日現在）。

（注20）『日経ビジネス』2012年11月26日号、26～27ページ。

（注21）『戦略経営者』2012年12月号（No.314）TKC、11ページ。

（注22）東京投資育成（株）のHP参照：http://www.sbic.co.jp/main/results/index.html（2012年12月現在）。

（注23）ジャフコのHP参照 http://www.jafco.co.jp/ipo/（2012年12月現在）

（注24）『中小企業白書2011年版』206ページ、「企業に関する実態調査」2010年12月、帝国データバンク。

（注25）政策公庫のHP参照。www.jfc.go.jp/k/yuushi/atarasiku/04_shinsogyo_m.html（2012年12月現在）。

（注26）東京都中小企業制度融資のHP参照www.sangyo-rodo.metro.tokyo.jp/kinyu/yuushi/sougyou.html（2012年12月現在）。

（注27）平成24年4月発行の東京信用保証協会のリーフレット、2ページ。および信用保証実績の推移を参照。：http://www.zenshinhoren.or.jp/information/shinyohosyojiseki.pdf（平成24年12月現在）。

（注28）鹿島みかり「米国の動産担保法制について」日本銀行信用機構室、2003年8月28日。

（注29）新株予約権とは、会社に対して行使することにより当該会社の株式交付を受けることができる権利で、しかも特定の価格で購入できる権利が付いている。

（注30）2002年4月、商法改正で普通株以外の株式を広く種類株ということになった。欧米では、普通株より何らかの条件が異なる株式を優先株（Preferred Stock）と呼ぶため、日本でも一般に優先株と呼ばれることが多い。

（注31）3メガバンクや野村ホールディングスは、最近普通株など狭義の中核的自己資本（Tier1）を補完するTIER2と位置付けられる劣後債を発行した。

(注5) 下請代金支払遅延等防止法は、親事業者による下請事業者に対する優越的地位の濫用行為を取り締まるために制定された特別の法律。例えば、発注した物品等を受け取った日から60日以内で定められている支払期日までに下請代金を払わないことを禁じている。

(注6) 負債と自己資本の割合（負債比率）は、レバレッジ比率ともいわれる。この場合、総資本利益率が負債利子率より高い場合には、売上が伸びる好調時には、負債比率が高いほどROEは高くなる。反対に利益率が利子率より低い場合には、逆に負債比率が高いほどROEは低下する。このように、負債比率の違いが企業の利益に与える影響を財務レバレッジ（梃子）効果といい、また一方で企業の財務リスクを示している。

第6章

(注1) フィリップ・コトラー（森谷博之訳）『コトラーの資金調達マーケティング——起業家、ベンチャー、中小企業のための投資家獲得戦略』PHP研究所、2005年、36ページ。

(注2) レバレッジ効果とは、調達する資金を全額自己資本で行うより借入金をより多く組み合わせた方が、自己資本に対する投資利益が向上する効果。レバレッジ(梃子)の原理になぞらえ、一般に少ない自己資金で大きなリターンが期待できることをいう。

(注3) 階段の途中にあるやや広めのフラットな場所。企業の成長期・成熟期などによく見られる一時的現象で業績が数年間停滞すること。再び成長軌道に乗る企業と、うまくゆかず停滞が長期化したり中には衰退期に入る企業もある。

(注4) 日本政策金融公庫総合研究所「2008年度新規開業実態調査の結果」2009年1月13日、2ページ。

(注5) Mark Van Osnabrugge & Robert J. Robinson, *Angel Investing, Matching Start-up Funds with Start-up Companies*, Jossey-Bass, 2000, pp.31-35.

(注6) プライベート・エクイティ・ファンドとは、株式未公開の会社株式に投資するファンドであるが、ベンチャーキャピタル、企業再生ファンド、買収ファンドなどが該当し、それらの総称としても使われる。

(注7) コトラー前掲書、42ページ。

(注8) デユーデリとは、デューデリジェンス(Due diligence)の省略語。投資や企業買収など行う検討段階で、事前に投資対象の経営状況や資産価値などを精査しリスクを削減しようとするために行う監査作業をいう。

(注9) コトラー前掲書、84～87ページ。

(注10) コトラー前掲書、84ページ。

(注11) Van Osnabrugge & Robinson, pp.5, 68-69.

(注12) NESTA(National Endowment for Science, Technology and the Arts),Rresearch report on May 2009 by Robert E. Wiltbank, pp.10-11.

(注13) http://en.wikipedia.org/wiki/Seed_money Dec.1,2012参照。

調達機会が得られないこと、③企業経営上のパートナーが見つからないこととある。また、事業家に対する所感には、事業計画書の記載内容が不十分あるいは極めて稚拙とも指摘している。

（注13）リチャード・ドーフ、トーマス・バイアース（設楽常巳訳）『最強の起業戦略――スタートアップで知っておくべき20の原則』日経BP社、2011年、57－58ページ。

（注14）ドーフ、バイアース同上書、325ページ（Gaylen N. Chandler, Benson Honig and Johan Wiklund, Initial Size and Menbership Change in Emerging and New Venture Teams: Implications for Team Stability and Venture Performance. Presented at 2002 Academy of Management Meetings. Denver, CO. Aug. 2002）。

第4章

（注1）P・F・ドラッカー（上田惇生訳）『現代の経営』（上）ダイヤモンド社、2006年、104ページ。

（注2）KGIとは、経営ビジョンに基づく達成目標の事である。例えば、売上高、営業利益率、ROEなどがある。KPIとは、KGIを達成するための中間的な実施状況を定量的に測定するための指標である。KGIが売上高なら、KPIは顧客訪問回数、顧客口座獲得数などをあげることができる。もしもKPIが予想外の数値となった場合、目標に向かって事業が進んでいないと考えられるため何らかの修正活動が必要となる。

（注3）ハロルド･S･ジェニーン、アルヴィン･モスコー（田中融二訳）『プロフェッショナル マネジャー――58四半期連続増益の男』プレジデント社、2004年、310ページ。

第5章

（注1）デル・ダイレクト・モデルとは、顧客価値の向上を目指したデル社のビジネスモデルのこと。顧客からの受注に基づき、サプライヤーから部品を調達、カスタマイズした製品をダイレクトに顧客に販売することで、中抜きを行いコスト削減を図っている。これにより、在庫の削減と受注方式による早期の債権回収を行い、その一方で、サプライヤーに対してはやや長めの支払期間をとる。

（注2）ここでは、図表に従い営業キャッシュフローの説明のみにとどめている。実際には、借入金の発生があるので財務活動によるキャッシュフローが存在するが記述は省略している。

（注3）企業間信用とは、商品・サービスの提供とその対価の入金とをずらすことで相手に信用を供与すること。この場合は売掛金と受取手形となる。反対に、調達した場合には、その支払いをずらすことで信用を受けることになる。この場合は買掛金や支払手形のこと。この場合、企業間信用の与信と受信のバランスが重要。

（注4）自己金融とは、会社の内部留保によって必要資金を賄うことであり、利益による内部留保と減価償却費の合計をいう。内部金融ともいわれる。これに対し、外部からの資金調達を外部金融という。

（注5）2012年7月、ティールームJuri'sにて共同パートナー3人にインタビュー。宮脇樹里『コッツウォルズでティールーム――イギリスのお菓子に出会う』（文化出版局、2008年）参照。

（注6）2012年11月、広友リースのエグゼキュテイブにインタビュー。HP及び社内資料等を参照。

（注7）2013年1月、キャメル社のエグゼキュテイブにインタビュー。HP及び社内資料等を参照。

（注8）2012年11月、広報室にインタビュー。各種広報資料、有価証券報告書、楠木建『ストーリーとしての競争戦略』（東洋経済新報社、2010年）を参照。

（注9）ジェトロ「米国市場調査レポート紙製品」2012年3月、34～37ページ。

第3章

（注1）ティモンズ前掲書、342ページ。

（注2）ティモンズ前掲書、357ページ。

（注3）ジェイ・B・バーニー（岡田正大訳）『企業戦略論――競争優位の構築と持続』（上）ダイヤモンド社、2003年、52ページ。

（注4）バーニー同上書、33ページ。

（注5）マイケル・E・ポーター（竹内弘高訳）『競争戦略論Ⅰ』ダイヤモンド社、1999年、33～34ページ。

（注6）ポーター同上書、122～123ページ。

（注7）事業戦略の策定に有効なフレームワークや方法論など伝統的な手法も含め多く紹介されている。既に説明したものも含め、参考のため例示しておく。①クロスSWOT分析、②市場分析に使われるペスト（PEST）分析、③ポーターのファイブフォース分析、⑤カプラン・ノートンの戦略マップ（バランススコアカード）、⑥バーニーのリソースベーストビュー（RBV）、同じくVRIOフレームワーク、⑦ボストンコンサルティングのプロダクト・ポートフォリオ・マネジメント（PPM分析）、⑧アンゾフの多角化戦略法、⑨ドラッカーの目標管理、⑩QC手法やVE手法の数々。

（注8）リタ・ギュンター・マックグラス「新規事業研究の第一人者が語る よいビジネスモデル 悪いビジネスモデル」『DIAMOND ハーバード・ビジネス・レビュー』275号、2011年8月、41ページ。

（注9）P・F・ドラッカー（上田惇生訳）『マネジメント　基本と原則』ダイヤモンド社、2001年、181ページ。

（注10）ティモンズ前掲書、15ページ。

（注11）ブレークスルーパートナーズMD赤羽雄二「失敗の研究――ベンチャー企業の事例に学ぶ」『THINK！』3号、2002年10月。

（注12）この失敗事例を裏付ける調査例をあげれば、溝渕新蔵・出川淳「ベンチャー起業の失敗要因に基づく考察――教育・研修システムの改善への提言と今後の検討課題」（『商学討究』小樽商科大学、第53巻第1号、2002年7月）があり、起業失敗の大きな要因は①販路開拓が進まないこと、②資金

第1章

(注1) Mark Van Osnabrugge & Robert J. Robinson, *Angel Investing, Matching Start-up Funds with Start-up Companies*, Jossey-Bass, 2000, pp.17-18.

(注2) ジェフリー・A・ティモンズ（千本倖生・金井信次訳）『ベンチャー創造の理論と戦略――起業機会探索から資金調達までの実践的方法論』ダイヤモンド社、1997年、7ページ。

(注3) P・F・ドラッカー（上田惇生訳）『マネジメント　基本と原則』ダイヤモンド社、2001年、まえがき及び9ページ。

(注4) ティモンズ前掲書、187～197ページ。

(注5) 中小企業白書2011年版、185～187ページ。

(注6)「2010年ベンチャービジネスの回顧と展望」（財）ベンチャーエンタープライズセンター、2011年1月、20ページ。

(注7) 中小企業白書2011年版、185～187ページ。なお、企業の生存率はデータ登録の関係で高めに算出される可能性がある。また、開廃業率では各国の統計法が同一ではないため単純比較は注意を要する。

(注8) 日本政策金融公庫総合研究所「2008年度新規開業実態調査（特別調査）の結果」2009年1月、9ページ。

(注9) Matthew S. Olson, Derek van Bever, *Stall Points: Most Companies Stop Growing――Yours Doesn't Have To*, Yale University Press, 2009, p.20.

(注10) ポール・ヌネシュ、ティム・ブリーン（関美和訳）「衰退が始まってからでは遅すぎる――持続的成長のS字曲線」『DIAMOND ハーバード・ビジネス・レビュー』275号、2011年8月、48～49ページ。

(注11) P・F・ドラッカー（上田惇生訳）『イノベーションと起業家精神』（下）ダイヤモンド社、1997年、71ページ。

第2章

(注1) Barbara J. Orser,; Hogarth-Scott, Sandy; Riding, Allan L., *Performance, Firm Size, and Management Problem Solving*（Journal of Small Business Management , Oct. 2000）によれば、カナダの中小企業でビジネスプランを作成している企業は1／3であり、業績との相関関係が非常に高いという。また、ジェフリー・ティモンズも、アメリカでは、成功するベンチャー企業のほとんどが作成するとある。

(注2) ジェームズ･W･ヤング（今井茂雄訳）『アイデアのつくり方』阪急コミュニケーションズ、1988年、28ページ。

(注3) 手のひらピピは1987年に（株）トミーが発売したヒット商品、日経1988年年間優秀製品賞を受賞。製品の裏についているセンサーが手のひらで汗などに反応すると鳴くひよ子のシリーズ。

(注4) 桑嶋健一『不確実性のマネジメント――新薬創出のR&Dの「解」』日経BP社、2006年、7ページ。

[著者略歴]

落合 稔（おちあい みのる）

明治大学専門職大学院グローバル・ビジネス研究科教授
1947年、栃木県生まれ。明治大学大学院商学研究科修了。アーサーアンダーセン（米系監査法人）勤務。1978年、株式会社トミー（現タカラトミー）入社。米国トミーにてトレジャラー、本社にて専務取締役CFO。経理、財務、法務、システム担当をはじめとして、IPO、M&A、新規事業開発、事業再生、グループ経営管理、IR等々を担当。2002年、CFO カレッジ代表取締役。2004年より現職。

[主な著書]

『財務諸表の分析入門』共著、千倉書房
『CFO ハンドブック』編著、中央経済社
『ケーススタディ CFO の戦略会計』単著、中央経済社
『企業買収の8日間戦争』共訳、日本能率協会
『国際財務へのパスポート』単著、日本能率協会、その他多数

新規事業のビジネス・プランニング

2013 年 4 月 23 日　初版第 1 刷発行

著　者　落合 稔
発行者　千倉成示
発行所　株式会社 千倉書房
〒 104-0031 東京都中央区京橋 2-4-12
TEL 03-3273-3931 ／ FAX 03-3273-7668
http://www.chikura.co.jp/

装　丁　江口浩一

印刷・製本　藤原印刷株式会社

ISBN 978-4-8051-1011-9　C2034
